내 손 안의 인문학,

꿈의
문

내 손 안의 인문학, 꿈의 문

어른들도 함께하면 유익한
청소년을 위한 철학 교실

글 조선우 | 그림 이애영

THE GATE of DREAM

재밌는권혹

머리말

철학도 달콤한 스테이크처럼
쪼개어서 먹자!

요즘 '인문학의 전성기'라고 할 만큼 인문학에 대한 관심이 그 어느 때보다 뜨겁다. 텔레비전 프로그램까지 인문학 관련 소재들도 많다. 무엇보다 다행한 일이라고 생각한다.

그런데 이런 관심이 일회성이나 유행처럼 왔다가 가지 않고, 계속 우리 삶 속에 자리를 잡으려면 인문학이 그리 다가가기 어려운 대상이 아니라는 생각이 먼저 들어야 한다. 어쩐지 근엄한 표정을 하고 있는 사람에게는 다가가기 힘들듯이, 철학이라는 것도 우리가 그동안 씌워 놓았던 그 근엄한 가면을 이젠 벗겨내야 한다.

친밀한 대상에겐 아무 말이나 건넬 수 있다.

그래서 이 책에서는 청소년뿐만 아니라, 어른들도 어렵게만 느껴지는 동서양의 철학자들이 친근한 존재로 다가오도록 인간적인 태생부터 되짚기 시작한다. 우리도 누군가를 만나면 어디서 왔냐는 이야기를 흔히 먼저 묻듯이 말이다. 동서양의 철학자들이 단순히 텍스트 안의 죽어 있는 인물이 아니라, 우리처럼 숨 쉬고 살아 있는 사람들이라는 걸 깨닫는 순간 철학은 그리 어려운 대상이 아닐 수도 있다. 『내 손 안의 인문학, 꿈의 문』은 이런 점에 무게 중심을 두었다. 이 책을 읽고 더 이상 철학자들이 어렵게 느껴지지 않는다면 목적을 달성한 것이다.

내가 대학교 때 철학을 공부하면서 꿈꾸었던 것은 우리나라 사람들이 어렵게만 여기는 철학을 친근하게 전달하는 것이었다. 마치 몸에 좋은 쓴 약을 당의정으로 만들어 달콤하게 목 안으로 넘길 수 있게 하듯이, 우리나라 사람들에겐 무조건 어렵다는 선입견이 있는 철학에 당의정을 입힌 책을 쓰겠다고 결심했다. 그 '꿈의 문'을 처음으로 연 것이 이 책이다.

노자, 장자, 소크라테스, 플라톤, 니체, 이런 동서양의 철학자들 이름이 마치 달콤한 쿠키 이름처럼 들린다면 어떨까. "설마, 그럴 리가? 이거 실화임?"이라는 반응이 나올까. 그러나 이렇게 되는 게 불가능한 일이 아니다. 어떻게 처음 대면하느냐가 그 대상의 첫인상을 결정짓기 때문이다.

보통 사람들은 소고기를 좋아한다. 아주 먹음직스럽게 요리되어 나온 소고기를 싫어할 사람은 거의 없을 것이다. 그러나 소 한 마리를 그냥 주면서 먹으라고, 다 먹어야 한다고 부담을 준다면 기겁을 할 것이다. 철학도 마찬가지다. 우리는 처음부터 철학을 전부 다 통으로 접수(?)해야 한다는 사명감으로 그 대상을 대하기에 부담감이 생긴다. 맛좋은 스테이크를 조각조각으로 쪼개어서 포크로 집어먹을 때의 달콤함은 온데간데없어진다.

우리는 철학을 쪼개어서 접해야 한다. 한 철학자의 사상을 처음부터 끝까지 다 알아야 한다는 사명감 같은 건 멀리 치워버려도 좋다. 그냥 철학자들도 우리와 마찬가지인 사람이라는 것, 그들도 먼 역사 너머에 있을 뿐이지, 다 같은 사람이라는 생각을 한다면 어렵다는 선입견은 없어질 것이다. 우리 이웃에게 그렇게 대단한 장벽을 느끼진 않을 테니까 말이다.

_어른들도 청소년처럼 선입견 없이 다가가기

이 책은 모토가 '어른들도 함께하면 유익한 청소년을 위한 철학교실'이다. 흔히 얼핏 어른이라고 하면 청소년보다 뭐든지 많이 알 것이라고 생각한다. 그러나 그 생각은 철학에 있어선 아닐 수도 있다. 우리나라는 어른보다 오히려 청소년들이 더 독서량이 많다. 여러 가지 현실적 사정으로 말이다.

그래서 철학에 있어서는 어른이나 청소년이나 다 같은 자리에 있을지도 모른다. 오히려 어른들이 철학에 대한 선입견이 더 많을 수도 있다. 이젠 어른들도 청소년처럼 백지 같은 마음으로 인문학을 바라보기 바란다. 따라서 이 책은 어른이나 청소년 할 것 없이 누구에게나 필요한 책이다.

프랑스 영화를 보다 보면, 항상 영화 속에 식사를 하듯 자연스럽게 손에 책을 든 모습이 자주 나온다. 그만큼 그들에겐 책이 일상이고, 그게 영화 속에 모두 반영된다. 그냥 스쳐지나갈 수도 있는 이 장면을 우리는 주의 깊게 봐야 한다. 이건 단순히 영화 이야기가 아니라, 우리 자신의 미래 모습과 관련이 있기 때문이다.

현재의 이 인문학 열풍이 단순히 유행처럼 지나가지 않고, 우리 삶의 한 부분으로 자리 잡으려면 우리도 이제 철학을 친구처럼 생각해야 한다. 그 철학자들을 동네 이웃처럼 생각해 보자. 그래서 지금 우리 아이들이 아이돌의 노래 하나쯤, 춤 하나는 멋지게 출 수 있는 만큼, 한참 후에는 철학자 한 명쯤은 푹 빠져들 수 있는 사람이 있고, 그 사람에 대한 이야기를 친구 이야기하듯이 줄줄 말할 수 있으면 좋겠다.

또 우리네 삶에도 밥을 먹듯이, 커피를 마시듯이 책 하나쯤은 늘 옆에 끼고 사는 모습이 일상이 되기를 바란다. 그건 삶의 단순한 변화가 아니라, 한 민족의 문화적 수준과 미래의 모습이 바뀔 수 있는 씨앗이 되기 때문이다. 부모의 모습이 아이들이 제일 먼저 볼 수 있는 삶의 형태이다. 엄마들도 모여서 차를 마시며 어떤 브랜드가 좋은지 이야기하는 것과 더불어, 어떤 철학자들의 이야기도 가끔씩 양념으로 대화에 곁들이는 풍경이 그려지면 좋겠다.

내 손 안에는 스마트폰만이 있는 것이 아니고, 내 손 안에는 한 잔의 커피만이 있는 것이 아니다. '내 손 안의 인문학'도 그리 멀지 않은 곳에 있다. 그건 마음먹기 나름이다. 내가 꿈꾸는 삶의 모습을 다시 그려보면 된다. 그 문을 열어주는 건 '내 손 안의 인문학, 꿈의 문'이다. 그 문을 지금부터 한번 열고 들어와 보기 바란다.

2018년 2월
파주, 운정 신도시 작업실에서
조선우

THE GATE of DREAM

차례

Start

태초에
질문이 있었다!

?

나는
누구인가?

이제 중학교 1학년인 인성이는 여름 방학의 끝자락이 되자, 밀린 일기를 쓰려고 책상에 앉았다. 무슨 이야기를 쓸까 하다가, 이내 생각나는 대로 끼적이기 시작했다.

'나'는 어느 날 궁금해졌다.
'나는 누구일까?'
물론 나에게 이름은 있다.
'나'의 이름은 '인성'이다.
조인성.

하지만 나는 내 이름을 알지만,
내가 누구인지는 잘 모르겠다.

내가 어디에서 와서

누구이고

어디로 가는지

알 수 없다!

이런 질문들, 안 하고 살아도 되지 않나?

잠이 온다.

조금 전에 먹었던 점심 때문인지 식곤증이 몰려온다.

그냥 밥만 먹고, 잠만 잘 자고 살면 되지 않을까?

이런 질문들, 너무 어렵다. 골치 아프다.

편하게 살자!

인성이는 떠오르는 질문을 덮어두고

몰려오는 잠에 빠졌다가

뭔가 시원한 바람이 부는 느낌이 들어서 눈을 떴다.

분명히 집안 소파에서 잠들었는데,

깨어보니 사방이 초원이다.

끝이 보이지 않는 대평원!

이제 방학이 끝나면 학교도 가야 하는데,

여기는 어디?

인성이는 갑자기 울고 싶어졌다.

엄마가 보고 싶었다.

"엄마~!"

소리쳐 불러보아도 대답해주는 사람은 아무도 없다.

"인성아, 어디 갔니?"

엄마가 찾고 있을 것만 같았다.

그러나 아무리 둘러봐도 보이는 것은 초록색뿐이다.

인성이는 일어나서 무작정 걷기 시작했다.

'한참 걷다 보면 어딘가 집으로 가는 길이 나올 거야.'

한없이 걷고 또 걸었다.

얼마쯤 걸었을까.

이마에는 땀이 송글송글 맺히고,

옷은 땀으로 젖기 시작했다.

배도 고프고 지치기 시작했다.

그즈음 저 멀리 지평선 쯤에 뭔가 건물 비슷한 형체가 보였다.

인성이는 걸음을 재촉했다.

이윽고 그 앞에 이르니 큰 장벽이 나타났다.

멀리서 보였던 것은 아주 높고 기다란 담벼락이었다.

인성이는 혼자 힘으로 그 큰 장벽을 넘어설 수 없었다.

그렇다고 해서 도와줄 누군가도 그 자리에는 없었다.

인성이는 맥이 탁 풀렸다.

다리에도 힘이 빠졌다.

그래도 무언가 있을 줄 알고 열심히 걸어왔는데

이렇게 높고 긴 장벽이 있는지 몰랐다.

한참을 그 자리에 주저앉아 엉엉 울었다.

"엄마, 우린 다시 만날 수 있을까요? 그동안 속 썩였던 제가 너무 잘못했어요. 엄마, 보고 싶어요!"

인성이는 엄마의 잔소리마저 그리워졌다. 곰곰이 생각해 보니 모두 인성이가 잘되라고 야단쳤던 건데, 그때는 왜 그렇게 듣기 싫었을까. 이제 인성이는 그때의 시간들이 정말 소중하게 느껴졌다.

아무런 소리도 들리지 않는 주변은 정말 쥐 죽은 듯이 조용했다. 누군가 나와서 잔소리든, 야단이든 뭐라도 말을 걸어주었으면 좋겠다는 생각이 들었다. 이러다가 내 인생이 여기서 끝나는 건 아닐까? 인성이는 갑자기 벌떡 일어났다. 그리고 이렇게 외쳤다.

"그래, 모든 것은 끝나야 끝난다!"

인성이는 벽을 따라 걷기 시작했다. 한참을 걸어도 뭔가 새로운 것이 나타나지 않고, 긴 장벽은 끝없이 이어졌다. 그래도 인성이는 포기하지 않았다. 금방 지쳐 쓰러지지 않도록 천천히 발걸음을 옮겼다.

하늘은 점점 어두워져 오기 시작했다. 그러자 캄캄한 밤하늘에 별이 하나, 둘씩 나타났다. 인성이는 밤이 되자 더 무서워졌지만, 희망을 잃지 않았다.

'낮에만 하더라도 초원밖에 없었는데, 그래도 이렇게 장벽을 만났으니 다행이지 않을까.'

인성이는 무서움과 외로움이 밀려왔지만, 고개를 가로저으며 이렇게 중얼거렸다.

"아무것도 없는 것보다는 뭔가가 있다는 게 그나마 축복이야. 비록 아직 문은 찾지 못했지만."

인성이는 밤하늘의 별을 빛으로 삼아 장벽의 벽돌을 하나, 둘씩 짚어가면서 뭔가 새로운 것이 나타나길 바랐다. 그렇게 걷다 보니 문득 중학교 1학년이 되자마자 입학 선물로 받았던 윤동주 시인의 시집에 실려 있던 '별 헤는 밤'이라는 시가 떠올랐다. 그리고 아무도 없는 그곳에서 조용히 읊조리기 시작했다. 사방이 조용하니 집중력과 기억력이 '짱!'이었다.

계절이 지나가는 하늘에는
가을로 가득 차 있습니다.

나는 아무 걱정도 없이
가을 속의 별들을 다 헬 듯합니다.

가슴속에 하나 둘 새겨지는 별을
이제 다 못 헤는 것은
쉬이 아침이 오는 까닭이요,
내일 밤이 남은 까닭이요,
아직 나의 청춘이 다하지 않은 까닭입니다.
별 하나에 추억과
별 하나에 사랑과
별 하나에 쓸쓸함과
별 하나에 동경과
별 하나에 시와
별 하나에 어머니, 어머니,

어머님, 나는 별 하나에 아름다운 말 한마디씩 불러 봅니다.
소학교 때 책상을 같이 했던 아이들의 이름과, 패, 경, 옥, 이런
이국 소녀들의 이름과, 벌써 아기 어머니 된 계집애들의 이름과,

가난한 이웃 사람들의 이름과, 비둘기, 강아지, 토끼, 노새, 노루,
'프랑시스 잠', '라이너 마리아 릴케' 이런 시인의 이름을 불러
봅니다.

이네들은 너무나 멀리 있습니다.
별이 아스라이 멀듯이.

어머님,
그리고 당신은 멀리 북간도에 계십니다.

나는 무엇인지 그리워
이 많은 별빛이 내린 언덕 위에
내 이름자를 써 보고
흙으로 덮어 버리었습니다.
딴은 밤을 새워 우는 벌레는
부끄러운 이름을 슬퍼하는 까닭입니다.

그러나 겨울이 지나고 나의 별에도 봄이 오면
무덤 위에 파란 잔디가 피어나듯이
내 이름자 묻힌 언덕 위에도
자랑처럼 풀이 무성할 게외다.

인성이는 1941년에 윤동주 시인이 연희전문학교 시절에 완성했다던 이 시가 예전에는 잘 이해가 되지 않았다. 그때는 인성이가 태어나지도 않았고, 이 시가 발표된 것이 윤동주 시인이 죽고 나서 1946년에나 되어서야 유고시집 『하늘과 바람과 별과 시』에 수록되었다는 몇몇 정보만 머리로 받아들여 암기하고 있을 정도였기 때문이다. 다만, 이 시가 쓰일 당시는 일제강점기라서 일제의 검열로 1945년 광복이 지나 윤동주 시인의 사후에나 발표될 수밖에 없었다는 이야기가 인상적으로 남아 있을 뿐이었다.

그런데 이제 엄마도 없이 혼자 이렇게 낯선 곳에서 밤하늘의 별빛을 의지한 채 장벽을 따라 걷고 있자니, 이 시에 나오는 별의 의미가 가슴 속으로 깊숙이 들어왔다. 이 시인이 별 하나에 추억과, 별 하나에 사랑과, 별 하나에 쓸쓸함과, 별 하나에 동경과, 별 하나에 시와, 별 하나에 어머니, 어머니……를 담으며 별을 하나씩 헤아려 나간 그때의 마음을 조금이나마 이해할 수 있을 것 같았다. 특히 '별 하나에 어머니, 어머니……'를 암송할 때 인성이는 울컥하고 울음이 터져 나오는 걸 간신히 참아냈다.

'지금은 울면 안 돼. 하염없이 울다가는 집으로 돌아가는 길을 찾을 수 없을 거야. 그래, 지금은 울지 말자.'

인성이는 '별 헤는 밤'을 다시 외우면서 조금 더 힘을 내어 벽을 따라 걸어 나갔다. 그러자 단조롭게 이어졌던 벽들이 갑자기 뚝 끊겨 버리고, 어둠 속에서 새로운 형체가 드러나는 게 아닌가. 캄

캄했지만 한참을 자세히 바라보자, 그토록 찾던 '문'의 모습이 어렴풋이 보였다.

인성이는 자기도 모르게 "야호!"하고 소리를 질렀다. 그러자 조용하던 초원에 그 소리는 너무 크게 들렸다. 혼자 깜짝 놀란 인성이는 다시 정신을 차리고 그 문을 뚫어져라 바라보았다. 하지만 문은 피터팬에 나오는 꽉 다문 악어 입처럼 열릴 생각이 없어 보였다.

'어쩌면 좋을까? 이렇게 계속 기다리기만 하다가는 점점 더 힘이 빠질 텐데. 무슨 방법이 없을까?'

인성이는 용기를 내어 문을 노크해 보았다.

"똑, 똑."

역시나 아무런 인기척이 없었다.

이렇게 작은 소리로는 아무도 불러낼 수 없을 것 같았다.

인성이는 더 대담하게 주먹으로 '쾅! 쾅!'하고 문을 치기 시작했다.

그래도 사람의 기척은 들리지 않았다.

인성이는 포기하지 않았다. 이젠 두 주먹으로 문이 부서져라, 두드리기 시작했다.

"거기 아무도 없나요?"

소리를 질러가면서 한참 동안 문을 두드리고 나서 귀를 대고 있으려니, 사람의 발자국 소리가 저 멀리서 들려오는 것 같았다.

'아, 이젠 집으로 갈 수 있는 걸까?'

인성이는 발자국 소리가 점점 더 가까워져 오는 걸 느끼면서, 귀를 쫑긋 세운 채 문이 열리기를 기다리고 있었다.

THE GATE I
장자

드디어 문이 열렸다. '끼-익'하는 시끄러운 쇳소리와 함께 어떤 사람이 보였다. 그런데 옷차림이 이상했다. 마치 무협지에 나오는 사람처럼 긴 도포를 휘날리면서 나타났다.

인성이는 깜짝 놀랐지만, 마음을 진정하고 자초지종을 이야기 했다.

"아저씨, 집으로 가는 길 좀 알려주세요. 저는 여기가 어디인지 도 모르겠고, 어떻게 이곳으로 왔는지도 모르겠어요. 분명히 집에 서 자고 있었는데, 깨어보니 이 초원이었어요."

등불을 들고 나타난 사람은 인성이를 빤히 쳐다보더니 이렇게 말했다.

"몇 백 년 만에 또 길 잃은 사람이 문을 두드렸네. 너는 내가 누 군지 모르겠지? 나는 장자라고 한다."

인성이는 두 눈을 동그랗게 뜨고, 그 이름을 따라 말하며 다시 물었다.

"장자요?"

곰곰이 생각해 보니 어디서 들어본 적이 있는 이름 같기도 했다. 그렇지만 기억이 잘 나지 않았다.

"내가 누구게? 흔히 사람들은 내가 기원전 369년에 태어나서 289년쯤 죽은 걸로 알고 있지. 그러나 나는 이렇게 이곳에서 계속 살아가고 있어. 여기가 어디인지는 차차 이야기해줄게. 내가 태어난 곳은 옛 중국 전국시대의 송나라 몽읍(蒙邑)이란 곳이지. 그 마을엔 호수와 숲이 많았어. 이곳은 초원뿐이지만 말이야."

인성이는 놀라서 토끼처럼 깡충 뛰어올랐다.

"기원전에 태어나셨다구요? 그럼 아저씨는 귀……귀……신인가요?"

장자라고 말한 그 남자는 큰소리로 껄껄 웃으면서 다시 입을 열었다.

"하하하, 그런 식으로 이해했니? 아니야. 어떤 사람들은 또 이렇게 말하곤 하지. 내가 실제로 존재하지도 않았던 가상의 인물이라고 말이야. 그 누구도 진짜 나를 말하진 않지. 그냥 껍데기인 나를 말할 뿐이야. 내가 송나라에서 살 때 나의 이름은 주(周)이고, 자(字)는 자휴(子休)이었단다. 그 당시에는 이름과 또 따로 '자(字)'라는 것이 있었지. 그때 사람들은 이름을 신성한 것으로 알고, 평소 이름을 부르는 대신에 자(字)로 대신했단다. 어쨌든 그래도 그냥 나를 흔히 말하듯 장자로 불러 주면 된단다."

인성이는 알 듯 말 듯 한 표정으로 다시 물었다.

"아, 장자 아저씨. 그럼 아저씨는 지금 여기에서 무슨 일을 하세요?"

"나는 여기서 첫 번째 문을 지키고 있지. 너는 이 문이 열리면 모든 게 해결이 될 것이라고 생각했겠지만, 사실 이 안으로 들어오면 아직 9개의 문이 더 너를 기다리고 있단다."

"네? 아홉 개의 문이 저를 기다린다고요?"

인성이는 너무 놀라서 입을 다물지 못했다. 오늘 내내 걸어서 이 장벽을 발견했고, 또 긴 장벽을 따라 걸어서 겨우 이 문을 찾아냈는데, 아직도 문이 아홉 개나 더 있다고 하니 까무라칠 것만 같았다.

"네가 여기에 왜 오게 됐는지 알려 주마. 네가 오늘 일기를 썼지?"

인성이는 더 놀란 눈을 껌뻑거리면서 대답했다.

"네, 그렇긴 한데 아저씨가 그걸 어떻게 아세요?"

"그 일기 속에서 '나는 누구인가?'라는 질문을 했지. 그래서 너는 그 질문에 대한 해답을 듣기 위해 여기까지 오게 된 거란다. 이를테면 '나는 누구인가?'라는 이 말은 네가 사는 세계와 지금 네가 있는 이 세계를 연결해주는 일종의 열쇠이지. 네가 그 말을 진지하게 이 우주를 향해 물었기 때문에 문이 열린 거야. '생각의 문'이 열려서 넌 지금 이렇게 여기에 있는 거야."

인성이는 장자 아저씨의 설명을 들으면 들을수록 더 알 수가 없었다. 하지만 중요한 건 집으로 돌아갈 수 있는 방법을 아는 것이었다.

"아저씨, 그럼 저는 어떻게 집으로 돌아갈 수 있나요? 설마 계속 여기에 살아야 되는 건 아니겠죠?"

장자는 짐짓 심각한 표정으로 대답했다.

"그거야 네가 하기 나름이지. 너는 지금부터 이 문을 포함해서 열 개의 문을 지나야 해. 그 문을 다 통과하게 되면 집으로 돌아갈 수 있는 열쇠를 얻게 되는 거지. '나는 누구인가?'가 여기로 오는 열쇠였다면, 집으로 돌아가는 열쇠는 또 따로 있는 셈이야."

인성이는 그나마 안도했다. 그래도 집으로 돌아갈 수 있는 길이 있긴 있다는 것이니까.

"그렇다면 제가 집으로 돌아갈 수 있게끔 좀 도와주세요. 저는 사실 '내가 누구'인지 더 이상 궁금하지도 않아요. 무엇보다 집으로만 돌아가게 해주세요. 제발이요."

장자는 딱하다는 듯이 인성이의 얼굴을 한참동안 물끄러미 쳐다보았다.

"인성아, 너는 이제부터 '나는 누구인가'에 대한 이 질문을 무척이나 궁금해 하지 않는다면 집으로 돌아갈 수 없어. 그 질문 때문

에 여기 온 것이니까, 그 해답을 찾아야 넌 '제자리'로 돌아갈 수 있는 거야."

인성이는 장자가 자신의 이름을 부르자 깜짝 놀랐다.

"앗, 아저씨. 제 이름을 어떻게 아세요?"

장자는 또 한번 껄껄 웃었다.

"다 아는 수가 있지. 네가 일기장에 무얼 쓰는지도 아는데, 설마 네 이름을 모르겠니. 그런 사소한 것들은 더 이상 궁금해 하지 말고, 네가 지금 간절히 원하는 집으로 돌아가기 위해 '네가 누구인지'에 대한 답을 찾도록 해라. 그래야 넌 제자리로 돌아갈 수 있어."

인성이는 너무나 후회스러웠다. 왜 그런 질문을 일기장에 썼을까. 왜 그런 걸 궁금하다고 해서 여기까지 오게 된 걸까. 하지만 어쨌든 아이러니컬하게도 인성이는 이젠 정말 간절하게 그 질문을 파고들어야 했다. 장자의 말에 의하면 그래야 집에 갈 수 있다니, 골똘히 그 문제를 생각해야 하는 처지에 놓인 것이다.

_ 나비가 된 꿈

호접지몽 胡蝶之夢

장자는 인성이에게 문 안으로 들어오라고 손짓했다. 인성이는 발 한 걸음을 문 안으로 들여놓았다. 그런데 그 안도 역시 초원뿐이었다. 다만, 가스등 비슷한 것이 하나 켜져 있을 뿐, 밖과 다른 건 없었다. 인성이는 실망했다. 문 안으로 들어오면 뭔가 다른 풍경이 있을 거라고 생각했는데, 초원과 또 똑같은 장벽과 문이 저 멀리 보일 뿐이었다. 물론 그 거리는 아까처럼 멀지는 않아서 두 번째 문은 더 선명하게 보였다.

시무룩해진 인성이를 바라보면서 장자는 다시 입을 떼었다.

"자, 자 그만 실망하고 얼굴 좀 펴라. 여기 들어오면 뭔가 구중궁궐이라도 있을 줄 알았니. 이곳은 단지 네가 돌아가기 위한 터미널 같은 곳이야. 더 이상의 뭔가를 기대하는 건 욕심이지. 자, 쓸데없는 기대는 하지 말고 이제부터 내 말을 잘 들어봐."

인성이는 그제야 정신을 차리고 장자의 입에 집중했다.

'도대체 무슨 말을 해주겠다는 걸까. 물론 집으로 돌아가는 방법에 대한 걸 알려주겠다는 거겠지.'

이런 생각을 하면서 인성이는 장자가 어서 빨리 저 두 번째 문으로 보내주기를 바랐다.

"인성아, 나는 아주 오래 전에 꿈을 꾼 적이 있어. 네가 오늘 일기를 쓰다가 잠에 든 것처럼 나도 어느 날 낮잠을 자게 되었거든. 그런데 내가 꿈속에서 나비가 되어 꽃들 사이를 즐겁게 날아다니는 거였어. 정말 즐거웠단다. 아름답고 향기로운 꽃들 사이로 자유자재로 날다 보니까 천국에 온 것 같았지. 그러다가 문득 잠이 깨었던 거야. 그런데 꿈속에서 나비로 한참 즐겁게 살다가 갑자기 잠이 깨니까 내가 누군지 순간 헷갈리는 거야. 정신이 혼란스러워졌지. 내 나비 친구들도 생각나고, 아름다운 꽃들도 떠오르고 완전히 혼돈에 빠진 거야. 나는 아까 말한 내 이름 그대로 분명 장주였어. 다들 나를 주라고 알고 있던 바로 그 사람. 그때 나는 정말 내가 대체 꿈속에서 나비가 된 것인지, 아니면 나비가 꿈에 장주가 된 것인지를 구분할 수 없었어. 혹시 나비였던 내가 지금 장주라는 인물로 살아가는 꿈을 꾸고 있는 건 아닐까 하는 생각이 든 거야. 장주와 나비는 분명 별개의 것이건만 그 구별이 애매해지기 시작했지. 도대체 그 경계는 무엇일까 하는 생각이 든 거야."

인성이는 장자의 이 나비가 된 꿈 이야기를 들으니까 자꾸 그 속으로 빠져드는 것 같았다. 그러면서 지금 이렇게 이곳에서 장자의 이야기를 듣고 있는 자신이 꿈을 꾸고 있는 것인가 하는 생각이 문득 들었다. 그래서 장자에게 물었다.

"장자 아저씨! 그럼 지금 제가 꿈을 꾸고 있다는 말씀을 해주시려고 하는 건가요? 지금 이 순간이 꿈속인가요? 저는 꿈을 꾸고 있는 건가요?"

장자는 인성이의 질문에는 대답을 않고, 이야기를 더 이어갔다.

"인성아, 나와 나비가 분명하게 다른 것인데, 어떻게 그토록 그 구별이 애매하게 느껴진 걸까. 이것은 사물이 변화하기 때문이란 다. 꿈이 현실인지 현실이 꿈인지, 도대체 그 사이에 어떤 구별이 있는 것인지 알 수가 없다는 생각에 이르자, 나는 곧 내가 나비이 고, 나비가 곧 나라는 결론에 이르렀지. 그리고 나와 나비 사이에 는 어떤 모습의 차이는 있어도 결국 하나라는 거야. 이것이 바로 내가 깨달은 생각이지. 너도 지금 여기서 나와 이야기하고 있는 너와, 낮에 일기를 쓰던 네가 다른 세계에 있는 것처럼 보여도 결 국 지금의 너와 낮에 일기를 쓰던 너는 같은 존재라는 거지."

인성이는 여기까지 듣자, 머리가 복잡해지는 것 같았다. 장자가 무슨 말을 하고 있는지 알듯 하면서도 전혀 모를 것도 같았다. 인 성이는 인상을 찌푸린 채 장자를 쳐다보면서 이렇게 말했다.

"아저씨, 처음에는 좀 알 것 같았는데, 계속 들으니까 더 잘 모 르겠네요. 좀 더 쉽게 이야기해주실 수는 없나요?"

장자는 빙그레 웃으면서 이렇게 대답했다.

"인성아, 원래 처음 들으면 잘 모를 수도 있어. 내가 아주 오래 전에 많은 생각을 하고 고민을 해서 얻은 결론인데, 네가 이렇게 한번 들어서 알게 된다면 불공평한 일일 수도 있잖아. 네가 지금 내 말을 듣고 완전히 이해 못하는 건 어쩌면 당연한 거야. 너도 '생 각'이라는 수고를 좀 더 해야, 내 이야기를 온전히 이해하게 될 거야. 그렇지만 내가 간단하게 좀 정리해 보자면 이런 거지. 나는 나비와 나의 구별이 없는 세계를 깨닫게 된 거지. 모든 것이 하나라는 것이지. 이 세상 모든 만물이 하나라는 생각이 든 거야. 그렇게 본다면 나와 나비를 다른 것으로 이해할 필요는 없는 거야. 내가 네가 되고, 네가 내가 되는 거지. 내가 나비가 되고, 나비가 내가 되는 것처럼 말이야."

인성이는 여기까지 듣다가 갑자기 비명을 질렀다.

"아, 아저씨! 장자 아저씨. 그러니까 더 모르겠어요. 어떻게 아저씨와 내가 하나라는 거죠? 이 세상 모든 것이 어떻게 하나가 될 수 있는지 정말 더 모르겠는 걸요."

장자는 인성이를 향해 눈을 찡긋해보였다. 그리고 이렇게 말했다.

"자, 자 인성아. 이 야심한 밤에 큰소리를 내는 건 자제를 좀 해 줬으면 좋겠어. 물론 지금 너와 나뿐이지만, 그래도 세상 만물이 잠들어 있는 이 시간에 예의는 지켜줘야겠지? 좀 더 이해하기 쉽게 내가 비유를 한번 들어서 이야기해줄게. 그러니까 지금 이렇게 너와 내가 이야기하는 게 꿈속이라고 한번 생각해 보자. 낮에 일기를 쓰다가 잠들어버린 네 머릿속의 꿈이라는 세계지. 지금 너는 꿈속의 너의 모습이야. 그리고 나는 너의 뇌 속에서 네가 만들어 낸 너의 또 다른 모습이지. 너는 지금 어쩌면 꿈을 꾸고 있는지도 몰라. 인간은 모두 꿈을 꾼단다. 그런데 꿈은 대부분 잠을 잘 때 급

속안구운동(Rapid Eye Movement: REM) 단계에서 꾼단다. 흔히 이 단계를 렘수면 상태라고들 하지. 그러니까 이를테면 넌 지금 렘수면 상태에서 나와 이렇게 대화하는 꿈을 꾸고 있는 셈일 수도 있어. 아니면 그 반대일 수도 있고."

인성이는 장자의 마지막 말을 더 이해할 수 없었다. 그래서 되물었다.

"네? 그 반대라뇨? 자꾸 더 제가 이해하지 못하는 말씀을 하시는군요. 더 쉽게 이야기를 해주신다더니."

장자는 정색을 하고 말했다.

"인성아, 그 반대일 수 있다는 말은 낮에 일기를 쓰고 있던 네가, 지금의 네가 꾸었던 꿈일 수도 있다는 말이야."

"뭐라구요? 진짜에요? 그럼 제가 얼마 전에 중학교 입학한 것도 모두 꿈이라구요? 제가 입학 선물로 받았던 윤동주 시집도 꿈속에서 받은 거라구요? 또 우리 엄마는요? 절 잘 챙겨주시고, 아껴주시는 우리 엄마도 꿈속의 인물이라구요? 장자 아저씨, 말이 되는 소리를 좀 하세요."

장자는 인성이가 마구 소리치는 것을 묵묵히 듣고 있었다. 그리고 나지막이 이렇게 말했다.

"인성아, 그래. 지금은 네가 모든 걸 다 이해하고 받아들이는 것에는 한계가 있을 거야. 그런데 내가 분명히 말했지? 비유를 든 거라고. 내가 나비가 된 꿈 이야기를 하니까 네가 이해를 잘 못해서 내가 꿈을 비유로 든 것일 뿐이야. 그러니 그만 흥분해. 단지 비유를 든 것만으로도 이렇게 야단법석인데, 만일 진짜로 밝혀진다면 그 충격은 대단하겠네. 일단 여기까지만 알아둬. 비유일 뿐이야. 네가 이해하기 쉽게 설명하기 위해서 내가 이곳이 네 꿈속인지, 혹은 낮에 일기를 쓰는 네가 꿈속의 너인지 알 수 없다는 이야기를 해준 것이야."

인성이는 놀란 표정을 좀 가라앉히고 고개를 끄덕였다. 그리고 계속되는 장자의 이야기에 귀를 기울였다.

"인성아, 그래서 다시 말하자면 이 세상 모든 것이 하나라는 것을 네가 이해 못했으니 이어서 알려줄게. 그러니까 지금 이렇게 이야기하는 내가, 너의 뇌가 꿈속에서 그려낸 인물이라면 '나'와 '너'는 하나라는 게 쉽게 이해가 되지? 지금 이 상황이 꿈속이라면 '나'는 네가 뇌의 작용으로 만들어낸 인물이야. 너의 또 다른 모습이지. 마치 일인 연극에서 네가 너 자신 즉 '인성이'라는 인물이 되었다가, '장자'라는 인물로 연기를 하는 것처럼 우리는 모두가 결국 하나라는 것이지. 이제는 이해가 좀 되니?"

인성이는 장자가 연극에 나오는 인물로 예를 들어 이야기해주니까, 뭔가 번쩍 하고 모든 것이 쉽사리 정리가 되는 것 같았다. 초등학교 고학년 때 했던 연극이 생각났다. 그때 인성이는 〈왕자와 거지〉에서 거지 역할을 맡았던 것이다. 그렇지만 주인공 왕자 역할도 해보고 싶었다. 그래서 집으로 돌아와, 혼자서 연극을 했던 기억이 났다. 인성이가 왕자도 되었다가, 거지 역할도 하면서 혼자 여러 역할을 다 해보았던 것이다. 결국 그 거지도, 왕자도 모두 인성이었다. 여기까지 생각이 미치자, 인성이는 장자를 보고 외쳤다.

"아, 아저씨! 이제 좀 알 것 같아요. 장자 아저씨가 꾸었던 꿈이요. 나비가 된 꿈이요. 그게 나비가 아저씨였는지, 아저씨가 나비였는지 혼돈스러웠는데, 결국 그 나비나 아저씨나 모두가 하나였다는 말이 이젠 좀 이해가 되는 것 같아요."

장자는 인성이에게 "빙고!"라고 말하면서 손뼉을 쳤다. 그리고 이렇게 말했다.

"인성아, 네가 좀 이해를 했다고 하니까 내가 마지막으로 한 마디만 더 하마. 너와 나의 구별이 없는 만물일체의 절대경지에서 보면 나도 그리고 너도, 또한 나비도, 꿈도 현실도 구별이 없단다. 다만 보이는 것은 만물의 변화에 불과할 뿐이지. 내가 나비가 되었다가, 나비가 내가 되었다가, 네가 내가 되었다가, 내가 네가 되었다가 이렇게 너와 나의 구별을 잊어버리는 것이지. 이런 걸 비유해서 '호접지몽', 즉 '나비가 된 꿈'이라고 내가 아주 오래전에 이야기한 적이 있단다. 이걸 요즘 사람들은 인생무상(人生無常), 즉 인생이 덧없다는 것에 비유해서 쓰곤 하는데, 꼭 인생이 허무하다는 결론은 아니란다."

인성이는 다시 '인생무상'이라는 이해하기 힘든 말이 나오자, 인상을 쓰기 시작했다.

"장자 아저씨, 인생무상이라고 하니까 굉장히 어렵게 들리는데요. 또 제 머릿속을 복잡하게 만들려고 그러시는 건가요?"

장자는 고개를 가로저으면서 이번엔 느릿느릿한 말투로 대답했다.

"인. 성. 아. 아. 니. 야. 널. 어. 렵. 게. 만. 들. 어. 서. 뭐하게?"

마지막 '뭐하게?'는 재빨리 말해버렸다.

인성이는 마치 로봇처럼 말하는 장자를 물끄러미 바라보면서 '이게 뭥미?' 하는 혼돈 속으로 들어갔다.

'그렇다면 앗, 장자 아저씨가 로봇이었나?'

인성이는 갑자기 〈매트릭스〉라는 영화가 떠오르면서 장자의 정체가 뭔지 다시 의심하기 시작했다.

_두 세계

인성이는 장자의 모습이 흔들리는 것을 보았다.

'아, 지금 정말 내가 꿈을 꾸고 있는 걸까?'

인성이는 두 눈을 비비면서 장자를 똑바로 보려고 애썼다.

"아저씨, 장자 아저씨! 아저씨가 잘 안 보여요. 흐릿하게 보여요. 왜 그런 건가요? 지금 진짜 꿈속인가요?"

장자가 두 눈을 비비고 있는 인성이에게로 다가와 손을 내밀었다.

"자, 내 손을 잡아봐."

인성이는 퍼뜩 장자의 손을 잡았다. 뭔가 촉촉한 감촉이 느껴졌다. 그리고 따스한 기분도 들었다. 로봇은 분명 아닌 것 같다. 로봇이 아니라는 생각이 들자, 장자가 아까처럼 똑바로 보이기 시작했다. 그리고 장자의 말소리도 제대로 들렸다.

"인성아, 네가 생각하는 대로 보이는 거야. 네가 나를 로봇이라고 의심한 아주 찰나의 순간, 그때부터 내가 로봇처럼 보이는 거지. 그래서 내 말소리도 천천히 들리는 거고."

인성이는 고개를 강하게 가로저었다.

"아니에요, 아저씨. 아저씨 말소리가 갑자기 느릿느릿해지니까 내가 혹시 아저씨가 로봇이 아닐까 하고 잠깐 의심했던 거예요. 그리고 그때부터 아저씨 모습이 흐릿하게 보이기 시작한 것이구요. 앞뒤가 바뀌었어요. 순서가 다르단 말이에요."

장자는 인성이의 말이 끝나자마자 급한 듯이 말을 받았다.

"너는 의심한 것이 나중이라고 생각하지만, 사실은 네 무의식은 벌써 나를 의심하고 있었던 거야. 그래서 내 말이 느릿느릿하게 들리기 시작했고, 그것이 너를 더 확신으로 몰고 간 거지. 그래서 내 모습이 흐릿하게 보이기 시작한 거야. 너는 무의식을 전후 상황에 넣지 않은 셈이지. 그래서 의심이 나중에 오기 시작했다고 판단하는 거야. 사실은 네 의심이 먼저 시작된 거였어. 너는 깨어 있는 상태에서도 두 세계에 살고 있단다. 의식과 무의식의 세계. 이 두 가지 세계 속에 살고 있는데 꿈속에선 무의식이 많은 부분을 차지하는 세계이고, 깨어 있을 때는 의식이 많이 지배하는 세계지. 너는 항상 여러 가지 의미로 두 세계 속에 있어. 그것이 꿈이나 현실의 두 가지 세계이든, 무의식과 의식의 세계이든 항상 두 세계 속에 놓인 셈이지."

인성이는 별로 수긍을 못하겠다는 표정으로 멀뚱하니 장자를 쳐다보았다. 그러자 장자는 갑자기 다른 이야기를 꺼냈다.

"자, 자. 인성아. 그럼 이 문제는 여기까지만 말하고, 다른 이야기를 하나 해줄게. 잘 들어봐."

인성이는 또 다른 이야기를 꺼내는 장자에게 이렇게 말했다.

"아저씨, 저를 집에 보내주기는 할 생각이세요? 계속 이렇게 상관없는 이야기만 늘어놓다니, 참 염치도 없네요. 절 정말 집에 보내줄 수는 있는 건가요? 저는 저 두 번째 문을 언제 통과하나요?"

인성이는 저 앞에 보이는 또 다른 문을 가리키면서 장자에게 따졌다. 장자는 정색을 하면서 말했다.

"인성아, 인내심을 좀 가져. 그렇게 조바심을 내다간 언제 남은 아홉 개의 문을 다 통과하겠니. 세상은 그렇게 네가 생각하는 것처럼 호락호락하진 않단다. 네가 원하는 대로 다 되진 않아. 참을성 있게 모든 걸 이겨내야 네가 얻고 싶은 걸 가질 수 있어. 그게 세상의 이치지. 그러니까 어렵게 얻어낼 만한 가치가 있는 건 참

아내야 해. 네가 집으로 돌아가는 걸 간절히 원한다면 넌 이 모든 과정을 다 거쳐야 하는 거야. 하지만 반가운 소식을 알려 주지. 이 제 이 이야기만 마치면 넌 저 문을 두드리러 갈 수 있을 거야. 그 럼 굳게 닫힌 저 문이 열리게 되고, 또 누군가가 널 맞이하겠지."

_ 학의 다리가 길다고 자르지 마라

인성이는 장자에게 대들었던 것이 조금 미안해졌다. 그래서 조심스레 물었다.

"저 문 뒤에는 누가 있는 거죠?"

장자는 그 물음에는 고개를 가로저었다.

"지금은 말해줄 수 없어. 그건 네가 저 문 안에서 나오는 사람에 게 직접 물어보고 해답을 얻어야 해. 그건 너의 몫이지. 네가 해내야 할 일이고, 나는 나에 대해서만 알려줄 수밖에 없단다. 그걸로 내 역할은 다하는 셈이야. 그럼 이제부터 한 가지 질문을 하겠다. 인성아, 너는 '학의 다리가 길다고 자르지 마라' 이 말을 들어본 적 이 있니?"

인성이는 이 말을 어디선가 들어본 것 같기도 했다. 예전에 사촌 형이 해준 이야기를 생각해냈다. 학의 다리는 다른 동물과 달리 유난히 길지만, 학에게는 반드시 필요한 다리이기 때문에 저마다 다 가치가 있다고. 상대주의 관점이라고 했나. 여기까지 생각이 이르자, 인성이는 갑자기 무릎을 탁 하고 쳤다.

"앗, 아저씨. 장자 아저씨! 아저씨가 바로 '학의 다리가 길다고 자르지 마라'라는 말을 했던 그 장자 아저씨군요. 이제야 생각이 났어요. 어디에선가 아저씨 이름을 들었던 것 같기도 했거든요. 그런데 이제 확실히 알겠어요. 그 아저씨가 장자 아저씨였군요!"

장자는 핫핫 소리를 내면서 웃었다.

"그래, 맞았어. 인성! 내가 바로 그 장자야! 그런데 너는 상대주의가 무슨 말인지 아니?"

인성이는 곧 골똘하게 생각에 잠겼다. 그러고 나서는 겨우 한 마디 했다.

"아니오."

장자는 또 너털웃음을 터뜨리면서 이렇게 말했다.

"엄밀하게 말해서는 아주 다른 이야기이지만, 쉽게 말할게. 네가 좋아하는 게임을 하면 한 시간이 일 분처럼 빨리 가지만, 하기 싫은 공부를 하면 한 시간이 열 시간처럼 느껴진다는 거야. 물리적으로 봤을 때는 똑같은 한 시간이지만, 느낄 때에는 상대적인 거지."

인성이는 다시 얼굴이 환해졌다.

"아, 이제 이해가 가네요. 수업 시간에 들었던 아인슈타인의 상대성 이론의 비유가 생각나는군요. 예쁜 여자와 있을 때 한 시간은 일 분과 같고, 못생긴 여자와 있을 때 일 분은 한 시간과 같다고 하는 우스개 비유 말이에요. 어디선가 읽은 기억이 나요."

장자는 인성이의 이 말에 박수를 짝짝 쳤다. 그러면서 이렇게 말했다.

"인성아, 사실 아인슈타인의 상대성 이론과 인식론적 상대주의는 개념이 많이 달라. 하지만 너와 눈높이를 맞춰서 이야기해볼게. 이 두 가지가 왜 완전히 다른지 여기서 말하는 건 주제를 벗어나는 것이고, 단지 카테고리가 다르다는 것만 일단 말해두고 가지. 상대성 이론은 물리적 법칙에 대한 것이고, 나의 학의 다리 이야기는 인식론에 관한 것인데, 점점 더 어려워지니까 그냥 일단 우리는 '상대적'이라는 말만 생각하고 계속 이야기를 이어가보자. 어쨌든 일단 네가 제때에 잘 꺼내줬네. 내가 지금 하려는 말이 바로 예쁜 여자와 못생긴 여자 같은 미추의 구별에 관한 이야기였거든. 내가 아까 만물은 하나다, 라는 나의 오래된 깨달음을 이야기해줬는데, 이 미추의 구별이 없다라는 상대주의 관점은 나의 또 다른 중요한 사상이지. 이 두 가지를 모른다면 나를 안다고 하면 안 될 정도야. 인성이, 너의 학급에도 예쁜 친구와 못생긴 친구가 있지? 너는 물론 예쁜 친구를 좋아할 거고."

인성이가 어깨를 으쓱하면서 재빨리 대답했다.

"당근이죠!"

장자는 빙그레 웃으면서 말을 이어나갔다.

"인성아, 내가 또 처음엔 네가 이해하지 못할 말을 해야겠구나. 사실 아까 이야기한 것과 어떤 면에선 궁극적으로 연결되는 것일 수도 있어. 인성아, 잘 생각해 봐. 네가 생각하는 예쁘고 못생겼다는 기준은 어디에서 오는 거니? 예전에 동양인처럼 눈이 가느다란 얼굴은 못생겼다는 기준에 세웠지. 하지만 시대가 달라지니까 요즘 모델들도 다 동양인 같은 눈이 하나의 특별한 매력이 되는 세상이 왔어. 게다가 옛날에는 통통한 얼굴이 미인이었는데, 현대에는 마른 체형이 미인의 기준이 되었고, 또 어떤 나라에선 아직도 통통한 얼굴을 미인의 기준으로 보는 곳도 있어. 이렇게 아름다움의 잣대는 시대나 지역에 따라 달라지는 거지. 그러니까 인성이 네가 예쁘다고 하는 그 기준이 옳은지, 그른지는 알 수 없는 거야. 너의 제한된 기준에서나 그 친구가 예쁘거나 아니거나에 속할 뿐이지. 절대적인 기준은 세상에 없는 것일 수도 있어. 그러니 단정적으로 누군가가 예쁘다거나 그렇지 않다거나 판단하는 건 모순일 수 있다는 거야. 모든 차별이나 변화는 결국 인간의 유한한 지식으로부터 유래한다는 거지. 내가 아주 오래전에 한 말이야. 그래서 인간들은 스스로 지식의 한계를 깨닫고 쓸데없는 시비(是非)를 버려야 한다는 것이지. 인성아, 알겠니? 미추의 구별은 의미가 없는 거야."

인성이는 장자의 얼굴을 뚫어져라 쳐다보았다.

"장자 아저씨, 무슨 말씀이신지는 대충 알겠어요. 하지만 정말 제 눈에는 어떤 친구는 예쁘게 보이고, 또 어떤 친구는 아니게 보여요. 전 아직 만물이 하나라는 생각의 경지나, 또 미추의 구별이 없다는 경지에는 못 이른 것 같아요. 그렇지만 이런 기준에 대한 생각은 좀 더 해보아야 할 것 같다는 깨달음은 생겼네요. 왜냐하면 저도 제가 보고 판단하는 게 가짜가 아니길 바라기 때문이죠. 실컷 신나게 생각하고 보고 느끼면서 살았는데, 그게 모두 진짜가 아니라 가짜였다면 정말 황당할 것 같아요. 그럼 저는 눈을 뜨고 있어도 제대로 본모습을 못 보고 살아가는 것이고, 항상 헛것만 보면서 살아가는 셈이니까요. 장자 아저씨 말씀을 좀 더 깊게 생각해 볼게요."

"빙고! 인성아, 이제 네가 저 두 번째 문으로 다가갈 수 있게 됐구나. 네가 '생각'이란 걸 해보겠다는 변화를 가져온 것, 그것이 저 문을 노크할 수 있는 단계가 되었다는 것이지. 인간은 '변화'를 통해서 성장하는 거야. 그리고 결국 모든 것은 변화를 통해서 네가 내가 되고, 내가 네가 되는 거지. 모두가 하나라는 생각에 이를 수 있는 통로로 나아가는 거지. 모두가 하나면 남에게 해를 끼치는 건 결국 자기 자신에게 돌아온다는 걸 깨닫게 되는 셈인 것이지. 나중에 넌 점점 더 이 우주의 비밀을 알게 될 거야. 남은 저 문들을 지날수록 진리에 다가서는 셈이지. 그때 지금 깨닫지 못한 것들도 자연스럽게 더 알게 되는 때가 오는 것이지. 인성아, 자 이젠 앞으로 나아가라. 그리고 저 문을 두드리렴."

THE GATE II
노자

또다시 인성이는 혼자 남겨졌다. 그러나 처음 혼자였을 때와 지금은 엄연히 다르다. 장자를 만나기 전과 이후는 다른 것이다. 인성이는 장자가 가르쳐준 대로 다음 문을 노크했다. 그 문은 그리 멀지는 않았다. 처음 문을 마주할 때보다 한결 마음이 편해졌다. 이젠 무엇을 위해 문을 두드려야 하는지 아니까 말이다. 인성이는 또 장자처럼 그 누군가가 문 뒤에 서 있을 걸 알기에 조금은 대담하게 문을 노크했다.

"똑! 똑."

인성이가 문을 두드리는 소리는 고요함 가운데 조금은 강하게 울려 퍼졌다. 이윽고 누군가 슬리퍼를 끄는 듯한 소리가 들리더니, 문이 열렸다.

이번엔 커다랗고 육중한 돌문이 열리면서 인성이 앞에는 신선 같은 차림새의 할아버지가 서 있었다. 머리칼은 눈처럼 하얗고, 긴 수염이 있었다. 인성이는 두 눈을 동그랗게 뜨고, 그 사람을 올려 다보았다. 그러자 그 노인은 인자하게 웃더니, 인성이를 보고 이렇 게 말했다.

"놀랐느냐, 너의 이름이 무엇이냐?"

인성이는 그제야 정신이 번쩍 들어서 고개를 숙이며 인사를 했다.

"안녕하세요. 저는 인성이라고 합니다. 조인성입니다. 처음 뵙 겠습니다."

그 할아버지는 고개를 크게 끄덕이면서 손짓을 하며 들어오라 고 했다. 인성이가 한 발을 문 안으로 내딛자, 흰 머리의 노인은 성 큼성큼 앞장서 걷기 시작했다. 이윽고 자그마한 숲처럼 보이는 정 원에 들어서니 오솔길이 나왔다. 그 앞에 멈춰 서서 늙은이는 인 성이를 잠시 기다렸다. 그리고 인성이가 다가오자, 나란히 보폭을 맞추며 천천히 걸으면서 인성이에게 물었다.

"너는 어떻게 여기까지 오게 되었느냐? 이곳은 네가 올만한 데 가 아닌데. 앞서 장자를 만났느냐?"

인성이는 다시 자신의 처지가 생각나 표정이 어두워졌다. 그리 고 장자에게 말했던 자초지종을 이 할아버지에게도 되풀이해 말 했다. 그런데 하얀 머리칼의 그 사람은 가까이서 보니까, 늙지는 않았다. 그냥 머리가 하얗기만 했다. 아직 할아버지라고 불리긴 너무 젊어보였다. 이런 생각을 하고 있는 인성이에게 그는 다시 물었다.

"너는 내가 누군지 궁금하지?"

인성이는 재빨리 대답했다.

"네, 그렇습니다."

"나는 기원전 604년 9월 14일에 중국 초나라에서 태어났지. 나의 어머님은 자두나무에 기댄 채 나를 낳으셨단다. 그런데 사실 나는 어머니 뱃속에서 62년 동안 있었단다. 어머니는 늘 별을 바라보면서 그 기간 동안 내가 무사히 태어나길 기도 드렸지."

이 말을 듣고 인성이는 말문이 막혔다. 어떻게 아이를 62년 동안이나 임신할 수 있을까. 인성이는 그냥 듣고만 있으려다가 용기를 내어 물었다.

"저……, 초면에 이런 질문을 드려도 될지 모르겠지만, 어떻게 아이가 62년 동안 뱃속에 있을 수 있나요? 제가 배우기로는 보통 열 달 정도 엄마 몸속에 있는 걸로 아는데요. 제가 잘못 안 건가요?"

이 말을 듣자, 그는 껄껄 소리를 내면서 호탕하게 웃었다. 그리고 평안한 목소리로 이렇게 말했다.

"인성아, 아주 오래 전에는 지금 들으면 이상한 일들이 많았단다. 동양에도 그렇고, 서양에도 그렇고 인간이 살던 세상에는 정말

신기한 일들이 많았지. 그 오랜 옛 이야기들이 입에서 입으로 전해 내려오는 게 민담이나 신화이지. 나도 아주 오래전 사람이라, 사실은 내가 실제로 살았던 사람인지 아닌지도 요즘 사람들은 확신을 못하지. 그러나 어쨌든 나란 사람은 많은 사람들에게 실제로 있었다고 생각되곤 하지. 난 어쩌면 신화 속 인물처럼 상상 속 사람일 수도 있지. 아닐 수도 있고."

인성이는 이 하얀 머리칼 아저씨의 말을 들으면 들을수록 더 헷갈리기 시작했다. 그리고 속으로 생각했다.

'도대체 이 사람 정체는 뭐야? 자기가 실제 인물이라는 거야, 아니라는 거야. 아, 정말 아까 만났던 장자 아저씨보다 이 아저씨는 더 모르겠는걸. 처음부터 존재 자체가 미스터리니까.'

이런 인성이의 생각을 아는지, 모르는지 아저씨는 계속 말을 이어갔다.

"나는 말이야. 그래서 태어나자마자 말을 할 수 있었단다. 그리고 나는 태어나자마자 내 눈에 바로 보인 자두나무를 따서 내 성(姓)을 지었단다. 내 이름은 그래서 이이(李耳)라고 한다. 자두나무(李)에다 나의 큰 귀(耳)를 상징하는 이름을 나 스스로 붙였지. 그러나 사람들은 나를 이 이름으로 부르지 않고, 다들 '노자'라고 불렀지. 내 머리칼이 태어날 때부터 벌써 하얀 눈처럼 희었기 때문이야. 노(老)는 늙었다는 뜻이고, 자(子)는 '하늘의 아들'이라는 뜻을 가진 존칭어이지."

인성이는 이 말을 듣고는, "아!"하고 탄성을 질렀다. 그리고 크게 외쳤다.

"아, 아저씨가 바로 노자 아저씨에요? 앞에서 장자 아저씨를 만났는데, 항상 예전에 제가 읽은 책에는 노장 사상 어쩌고저쩌고 하면서 노자, 장자가 함께 나와 맨 처음에 저는 두 사람이 같은 사람인줄 알았어요."

노자는 이 말을 듣고 빙그레 웃었다. 그러면서 다음과 같이 말했다.

"그래, 세상 사람들은 장자의 스승이 나라고 알고 있지. 내가 딱히 장자를 가르친 건 아니고, 다만 내가 먼저 태어났기에 스승이된 거지. 장자가 나와 비슷한 색깔의 생각을 하는 사람이라 그렇게 말하는 것 같아."

이렇게 대화를 나누는 사이에 두 사람은 작은 오두막 앞에 이르렀다. 작고 가느다란 오솔길 너머에 이런 집이 있다는 게 인성이에게는 참 신기했다. 인성이는 노자에게 물었다.

"이 집에서 사세요?"

"그래, 내가 사는 곳이란다. 하지만 네가 보는 것은 작은 오두막일 테지만, 눈에 보이는 게 전부가 아니란다. 내가 어디에서 사느냐보다, 무슨 생각을 하면서 사느냐가 더 중요하단다. 예전에 내가 40여 년 동안 주나라에서 왕실의 장서고를 기록하는 일을 맡고있을 때 말이야. 공자가 나를 찾아온 적이 있었지. 공자는 인위적인 예(禮)를 아주 중요하게 생각하는 사람이었어. 그때 내가 공자에게 뭐라고 한 줄 아느냐?"

인성이는 고개를 가로저었다.

"잘 모르겠는데요."

노자는 말을 이어갔다.

"나는 그때 자만심에 가득 찬 젊은 공자에게 이렇게 말했지. 가식과 위선을 버리고, 교만과 욕심도 내려놓으라고 말이야."

이 말을 하면서 노자는 오두막으로 들어가서 나무로 만든 탁자와 의자가 있는 곳에 자리를 잡고 앉았다. 그 네모난 탁자 위에는 둥근 빈 그릇이 하나 놓여 있었다. 인성이는 그 빈 그릇을 보자, 갑자기 목이 마르다는 것을 깨달았다. 여태껏 아무것도 먹지 못했기 때문이다. 그래서 인성이는 노자에게 조심스럽게 다시 말을 건넸다.

"노자 아저씨, 번거롭겠지만 제게 물 한 그릇 주실 수 있으세요? 제가 목이 말라서요. 오늘 많이 걸었거든요."

노자가 그 말을 듣고선 한쪽으로 가서 물병과 먹을 것을 갖고 돌아왔다. 그리고 빈 그릇에 물을 주르륵 따라주었다.

"자, 인성아. 마시렴. 아주 시원할 거야."

인성이는 그 물을 벌컥벌컥 마셨다. 이젠 좀 정신이 드는 것 같았다. 그래서 주변을 둘러보았다. 세간도 별로 보이지 않았다. 정말 살아가는 데 딱 필요한 물건들만 있는 것 같았다. 예전에 텔레비전에서 보았던 〈나는 자연인이다〉에 나오는 사람들의 집보다 더 소박해 보였다.

"노자 아저씨, 정말 집에 짐이 없군요. 아저씨는 무슨 재미로 사세요?"

인성이는 문득 노자를 보자, 이런 질문이 떠올랐다. 노자는 또다시 인성이를 보면서 빙그레 웃으며 이렇게 말했다.

"인성아, 네가 방금 마신 물처럼 나는 이 세상을 살아가고 있지. 우리가 살아가는 이 세상에는 길이 하나 있단다. 우리가 언젠가는 도달해야 할 길이야. 네가 지금 집으로 돌아가고 있는 길을 찾아가듯이, 우리 인간 역시 원래 자리로 돌아갈 길을 따라 가고 있지. 그게 바로 도(道)라는 것인데, 이 길을 찾는 사람들은 많지만, 실제로 제대로 찾아가는 사람들은 드물지."

_ 상선약수(上善若水)

인성이는 자기가 지금 집으로 돌아가기 위해, 노자를 만나고 있다는 사실을 다시 떠올렸다.

"그래, 맞아요. 저는 길을 찾고 있던 거지요. 집으로 돌아가는 길을 말이에요. 그런데 모든 사람들이 길을 찾고 있다니까 이상하네요. 모두가 저처럼 길을 잃은 건가요?"

노자는 이젠 더 이상 웃지 않고, 진지한 표정으로 대답했다.

"그렇단다. 세상 사람들은 모두가 돌아갈 곳을 모른단다. 네가 집을 떠나 전혀 모르는 이곳으로 왔듯이, 인간 모두가 자신이 원래부터 있던 곳에서 전혀 알지 못했던 이 지구에 오지 않았겠니. 그런데 다들 다시 돌아갈 길을 제대로 아는 사람들이 없지. 그런데 그 길을 나는 '도(道)'라고 부르지. 원래 뜻이 '길'이니까. 세상 사람들은 어떻게 살아야 할지, 원래 왔던 곳으로 어떻게 돌아갈지, 그 길을 찾을 수 있을지, 그 길을 찾을 때까지 어떻게 살아야 할지 잘 모른단다. 그걸 나는 '물'에서 해답을 찾은 거야."

노자의 진지한 표정을 바라보면서 가만히 듣고 있던 인성이가 되물었다.

"물이라고요?"

노자는 고개를 끄덕였다.

"그래, 물이란다. 물은 만물의 근원이지. 나는 이 세상의 도가 물과 같다고 본단다. 물은 말이야. 방금 네가 마신 그 그릇에 담겼을 때는 어떤 형체를 가지고 있지만, 그게 그 본래의 모습이 아니지. 다른 모양의 그릇에 담기면 또 다른 모습이고, 또 그릇을 벗어나면 형체가 없어지기도 하지. 하지만 물은 자신의 고유한 본성을 잃지 않잖아. 어디에 담기든, 어디로 흘러가든 물은 물이지. 그래서 나는 최고의 선(善)이 물과 같다고 생각해. 물은 방금 네가 그걸 마시고 기운을 되찾았듯이 다른 대상을 이롭게 하지. 물은 사람뿐만 아니라, 이 세상의 생명체에게 원기를 제공해. 나무는 물을 빨아들여 생명을 이어가지. 그리고 꽃이며 산속의 동물이며 물 없이 이 세상에 생명을 유지할 수 있는 것들이 없지. 그래서 물이 제일 착하지 않겠니? 이렇게 최고의 선(上善)은 물과 같다(若水), 즉 '상선약수'라고 내가 말을 하니까, 많은 사람들이 이걸 삶의 원리로 가슴에 새기더구나. 그러면서 이 세상의 도는 점점 찾아지는 셈이지."

인성이는 노자 아저씨의 말이 점점 더 이해하기 힘들어졌다. 그러자 새로운 질문이 떠올랐다.

"노자 아저씨, 그럼 아저씨는 결국 어디로 가야 하는지 아세요? 길을 찾았나요? 원래 있던 곳으로 다시 가실 수 있나요?"

인성이는 연이어 질문을 쏟아냈다. 그만큼 집에 가는 길을 알고 싶었기 때문이다. 노자 아저씨가 모든 걸 알고 있다면, 인성이가 집에 가는 길도 알고 있을 것이기에. 노자는 인성이의 다급한 눈망울을 보면서 천천히 입을 떼었다.

"인성아, 나는 말이다. 그 답을 찾았다고 생각해. 물론 또 다른 어떤 사람은 자기만의 길을 찾을 수 있지. 하지만 내가 찾은 도(道)는 이런 거야. 우리가 가야 할 길은 '큰 도(大道)'란 말이지. 큰길로 나가면 어디로든 갈 수 있잖아. 우리의 목적지까지. 그런데 그 '대도'란 무엇일까? 나는 무위자연(無爲自然)의 도라고 생각해. 인위적인 것이 아닌, 자연 그대로의 상태, 그것이 바로 우리가 찾아야 할

큰길이지. 그 큰길을 따라가 보면 우리의 목적지에 분명히 이를 수 있다고 생각하거든."

인성이는 눈을 반짝거리면서 노자의 입만 바라보고 있었다. 그 입에서 분명 자기가 집으로 돌아갈 수 있는 해답도 나올 것이라고 기대하면서. 노자도 인성이의 그런 마음을 알았는지 계속 이야기를 이어갔다.

"인성아, 네가 지금 내 말을 다 이해할 수는 없단다. 나는 사람이 결국 자연의 도를 본받아야 한다고 생각해. 즉, 사람은 땅을 본받고, 땅은 하늘을 본받고, 하늘은 도를 본받고, 도는 자연을 본받는다는 거지. 그런데 이 '도(道)'라는 건 말이야. 이건 사람의 머릿속에서 딱 뭐라고 규정할 수 있는 것도 아니란 말이지. 말이나 글로 표현할 수도 없단다. 그러니 네가 지금 당장 내 말을 듣고 그걸 백 퍼센트 모두 이해하긴 사실 힘들어. 그것은 우리가 보려고 해도 보이지 않고, 들으려 해도 들리지 않으며, 잡으려 해도 잡히지 않는 거야. 왜냐하면 도에는 어떠한 빛깔도, 어떠한 소리도, 어떠한 형체도 없기 때문이지. 우리 눈에 보이지 않는 그 길, 그 너머에 우리가 돌아갈 길이 있는 거야. 우리가 원래부터 왔던 그곳으로 돌아갈 수 있는 길이 나타나는 것이지. 하지만 우리가 볼 수 없고, 만질 수도 없고, 잡히지 않는다는 것이 사람들에겐 이해가 안 되지. 그래서 세상에는 그 '도(道)'에 대해 깊이 생각하지 않는 사람들이 많지. 눈앞에 보이는 것에만 몰두를 하지. 하지만 엄연히 이 세상엔 그 도가 있다는 것이야. 그리고 그 도를 알고, 그 길을 찾아야 우리는 제대로 가고 있다고 봐도 무방하지."

여기까지 이야기를 듣자, 인성이의 머릿속은 뱅글뱅글 도는 것 같았다.

"노자 아저씨, 제가 지금 아저씨 말을 듣고 모두 다 이해를 못하는 게 당연한 거죠? 그런데 조금은 알 것 같아요. 팩트는 이거잖아요. 노자 아저씨는 길을 찾았고, 그 길을 무위자연이라고 생각한다는 것. 그렇죠? 그런데 세상 사람들이 다 노자 아저씨처럼 길을 찾기 위해 애쓰지는 않는다는 것. 게다가 노자 아저씨가 찾은 그 길에 대해 신경을 쓰는 사람들도 그리 많지 않다는 것. 제가 여기까진 잘 이해한 거죠?"

노자는 이제 다시 빙그레 웃음을 띠었다. 그리고 인성이의 머리를 쓰다듬어주면서 이렇게 말했다.

"인성이, 이놈. 제법인데. 핵심은 잘 이해했네. 자꾸 모든 걸 너무 어렵다고 생각하면 더 이상 생각이 갈 길을 잃지. 앞으로 나아가길 두려워하지. 그냥 그것 역시 물 흐르듯 받아들여. 아무리 이해가 안 되는 이야기라도 물처럼 그 생각을 흘려보내면 나 자신의 마음속에 그 물의 흔적이 남지. 물이 지나간 자리, 생각이 지나간 자리가 길이 나는 거지. 그게 지금 당장은 큰길이 아니더라도, 자꾸 생각이 지나가다 보면 그 생각의 물길이 진짜 큰길을 만드는 거야. 그래서 어느 날 갑자기 모든 게 다 이해가 되거든. 그러니 미리부터 어렵다, 이해할 수 없다는 장막을 치지는 말 것. 알겠지, 인성아?"

인성이는 노자의 이 설명을 듣고 그제야 환하게 웃었다.

"네, 네, 네! 네! 네!"

인성이는 좀 까불거리면서 대답을 했다. 이제 슬슬 자신감이 붙기 시작한 것이다. 집으로 돌아갈 길을 찾는 것 역시 그리 어렵지 않을 거라는 희망, 그리고 믿음이 조금씩 자라나기 시작했다. 인성이의 마음속에 생각나무도 더불어 무럭무럭 커가고 있었다. 어떻게 시간이 흐르는지, 이제 자신이 어디에 있는지, 누구인지 잠시 잊어가고 있었다.

장자가 말했듯이, 그저 열 개의 문을 지나면 정말 자신이 집으로 돌아갈 길을 찾을 수 있을 것만 같았다. 이 생각만이 또렷해졌다. 노자와 대화를 나누는 동안 인성이는 그만큼 자신이 성장해 있는 것을 알 수 있었다. 이제 점점 두려움이 인성이에게서 사라져갔다. 인성이는 자신이 무사히 열 개의 문을 다 헤쳐 나갈 수 있을 거라고 믿게 되었다.

'물처럼 그렇게 그 문을 지나가리라.'

인성이는 이렇게 다짐했다. 그리고 이제 더 이상 처음 혼자가 되었을 때처럼 울지도 않았다. 언젠가 삼촌이 읽어주었던 한 구절이 생각났다. 폴 엘뤼아르의 '자유'라는 시. 그때는 무슨 시인지도 모르고, 그냥 시작과 끝이 좋았던 시, 무척 기억에 남았던 시였다.

초등학교 시절 노트 위에
나의 책상과 나무 위에
모래 위, 눈 위에 나는 너의 이름을 쓴다.

내가 읽은 모든 페이지 위에 모든 백지 위에
돌과 피, 종이와 재 위에 나는 너의 이름을 쓴다.

그리고 시는 계속 길게, 길게 이어졌다. 그러나 마음에 다 남아 있지는 않았다. 알 수 없는 말들이 너무 오래도록 이어졌지만, 마지막에 가서 마음을 울렸다.

그 한마디 말의 힘으로
나는 내 삶을 다시금 시작한다.
나의 태어남, 너를 알기 위해서
너의 이름을 부르기 위해서

자유여!

무척 길고 긴 시였지만, 인성이에겐 딱 이 부분만 앞뒤로 남아서 아주 짧은 시처럼 여겨졌다. 그런데 왜 지금 이 시가 떠오르는 걸까. 노자와 이야기하는 동안, 이 시의 제목이 왔다 갔다 했다. 물론 이 시는 저항시이고, 또 다른 의미의 자유를 의미하지만, 그러나 궁극적 자유는 같은 곳을 가리키는 것이 아닐까. 인간이 결국 가야 할 종착역은 '자유', 그 한 마디를 말하고자 노자 아저씨는 이토록 긴 이야기를 한 것은 아닐까. 인성이는 문득 그런 생각이 들었다.

인성이는 자신이 지금 몇 살인지, 어디에 와 있는지, 누구인지 점점 더 가물거려졌다. 얼마나 시간이 흐르고 있는 것일까. 예전에 알았던 사람들에 대한 기억이 점점 희미해져갔다. 어쩐지 이 우주 천지에 노자와 자신만 있는 것 같았다. 아니, 여전히 혼자 있는 것 같았다. 노자 아저씨는 마치 거울 속 존재 같았다. 결국 인성이 혼자 있는 것일까.

인성이는 다시 혼란스러워졌다. 하지만 두렵거나 불안하진 않았다. 이젠 혼자라도 혼자가 아닌 걸 알기에. 둘이라도 둘이 아닌 걸 알기에. 마치 친구들과 가족들, 그들과 함께했던 삶이 저 멀리 구름 속에 가려진 것처럼 멀게만 느껴졌다. 아득한 옛날, 아주 오래전 시간처럼 그렇게 희미해져갔다. 그러나 분명한 건, 인성이는 드디어 자기 자신에 대해 생각하기 시작했다는 것이다. 인성이는 그 사실만은 분명히 깨닫고 있었다.

_ '도덕경'의 문을 열다, 도가도비상도!

자신만의 생각에서 겨우 돌아온 인성이는 자신을 지긋이 내려다보고 있는 노자를 올려다보았다. 어느 새 의자에 앉은 지 꽤 시간이 지난 것 같았다.

"아저씨, 노자 아저씨. 저는 이제 좀 알 것 같아요."

인성이는 자기를 바라만 보고 있던 노자에게 먼저 말을 걸었다.

"노자 아저씨가 제게 이야기해준 것, 무위자연 말이에요. 어렴풋이 좀 알 것 같아요."

노자는 또 어디론가 가더니, 책을 하나 꺼내왔다. 아주 낡고 누렇게 변해버린 표지에 한자가 잔뜩 쓰여 있었다. 인성이는 물었다.

"아저씨, 이게 뭐예요? 무슨 책이에요?"

노자는 그 낡아빠진 책을 조심스레 폈다. 그리고 그 첫 페이지를 읽기 시작했다.

"도가도비상도 명가명비상명."

인성이에게는 마치 무슨 주문처럼 들렸다. 그래서 노자에게 물었다.

"노자 아저씨, 그게 무슨 말이에요? 제겐 마치 마법사의 주문처럼 들리네요."

노자는 그 책을 가리키면서 이렇게 말했다.

"아, 이 책은 '도덕경'이라고 한단다. 내가 지은 것이지. 평생 내가 깨달은 도의 원리를 담은 거야. 사람들은 그저 '도덕경', 혹은 '노자', '노자의 도덕경'이라고 부르기도 한단다. 하지만 많은 것들이 늘 그렇듯이 이 세상에는 혼자 만들어진 게 아무것도 없단다. 모두의 생각이 담긴 것이지. 모든 먼저 깨달은 자들의 생각과 지혜가 담긴 거란다. 서양의 성경도 역시 한편으론 많은 사람들의 경험과 생각이 담긴 것처럼. 어떤 진리라는 것도 많은 사람들의 깨달음이 모여서 축적되는 것이지. 바닷물에 닦이고 쓸려 반들반들해진 돌멩이처럼 이 세상의 진리도 그렇게 얻어지는 것이야. 이 책도 결국 내가 썼다는 것은 진실이 아닐 수도 있지. 그러나 중요한 건 누가 썼든, 이 책 속에 담긴 생각이 중요한 거야. 방금 내가 읽은 건 이 책의 첫 구절이야. 네겐 주문처럼 들렸다고? 하하하. 처음 들으면 그럴 수도 있겠구나. 하지만 이 말 속엔 굉장한 진리가 들어 있지."

인성이는 노자의 이런 이야기를 듣자, 깜짝 놀랐다. '도덕경'이 마치 비밀의 책처럼 느껴졌다. 마치 마법사의 주문처럼 들리는 것도 혹시 우연이 아닌 건 아닐까. 얼핏 이런 생각이 스쳐갔다.

"아저씨, 노자 아저씨! 그럼 그 첫 구절의 의미가 뭐죠? 빨리 제게 알려주세요. 무척 궁금해지네요."

노자는 다시 한번 그 주문 같은 말을 읊었다.

"도가도비상도(道可道非常道) 명가명비상명(名可名非常名)."

그리고 이어서 이렇게 말을 꺼냈다.

"이 말이 주문처럼 들리겠지만 말이야. 사실 이 말의 뜻은 도를 도라고 하면 항상 그러한 도가 아니고, 이름을 이름이라고 하면 항상 그러한 이름이 아니라는 거야. 어렵지? 쉽게 말하면, 도(道)라 는 것은 말로 표현할 수 없다는 것이지. 아까 물에 대해서 우리가 이야기했잖아. 물도 손으로 잡을 수 없듯이, 도라는 것이 잡을 수 없고, 말과 글로 표현할 수 없는 것이라는 거야. 사실 이 『도덕경』 은 약 5,000자, 81장으로 되어 있어. 상편 37장의 내용을 「도경(道 經)」이라고 하고, 하편 44장의 내용을 「덕경(德經)」이라고 하지. 하 지만 이 책의 전체를 읽지 않아도, 이 첫 구절의 뜻만 잘 알고 있 다면 전체를 안다고 해도 과언이 아니지. 인성아, 그러니 너도 내 가 말해주는 걸 잘 받아들였으면 해. 네가 여기에 왔을 때 저 탁자 위에 빈 그릇이 놓여 있었지. 그 그릇이 비워져 있었기에 물을 담 을 수 있었잖아. 너 자신도 마음을 그렇게 비워 놓아야 내가 말해 주는 이야기를 잘 받아들일 수 있어. 아까 그 그릇에도 무언가 가 득 담겨 있었다면 물을 담을 수 없었을 거야. 너 역시 마음속이 온 갖 욕심과 불안으로 가득 차 있다면 아무것도 담을 수 없어. 네가 간절히 찾고 있는 집으로 돌아가는 길 역시 보이질 않겠지. 그 마 음에는 담기지 않고, 그래서 보이질 않게 되는 거지."

"아하, 그런 거군요. 이젠 정말 노자 아저씨의 말이 이해가 잘 되는데요. 제 마음이 아까 그 그릇처럼 비워져 있어야, 집에 갈 수 있는 길을 찾을 수 있다는 거죠? 그 해답을 마음에 담을 수 있다는 거군요. 이젠 알겠어요. 어떻게 해야 집으로 갈 방법을 찾을 수 있는지 실마리가 보이는 것 같아요."

노자가 말했다.

"인성아, 바로 그거야! 넌 이제 제대로 길의 언저리에 들어선 거야. 넌 앞으로 반드시 길을 찾을 수 있을 거야."

인성이는 노자의 이런 격려를 받으니 기분이 으쓱해졌다. 그러나 곧 이내 시무룩해졌다. 그리고 이렇게 노자에게 되물었다.

"그런데 노자 아저씨, 이젠 마음을 비워야 한다는 건 알겠어요. 하지만 마음을 비우려면 어떻게 해야 할까요? 그걸 잘 모르겠네요. 마음이란 게 그릇처럼 마음대로 비워질까요? 어떤 비법이 있을까요? 아저씨가 혹시 알고 있다면 좀 알려주세요."

인성이는 노자의 입만 빤히 쳐다보았다. 이번에도 제대로 된 해답이 나오는 걸까. 정말 노자 아저씨는 주크박스처럼 질문만 하면 대답을 해주는 걸까. 이렇게 모든 걸 알고 있는 아저씨는 말로만 듣던 현자가 아닐까. 어쨌든 인성이는 노자 아저씨의 말을 기다렸다.

"마음을 비우려면 현재를 살아야 해. 마음에 과거나 미래를 잔뜩 담아 놓는다면 절대로 비워지지가 않아. 마음이 항상 과거에 묶여 있거나, 오지도 않는 미래로 가서 붕 떠 있다면 마음은 갈팡질팡하겠지. 인성아, 마음을 현재에 꽉 묶어놔. 그럼 마음이 비워지는 게 쉬울 거야. 결국 『도덕경』의 사상은 모든 거짓됨과 인위적인 것에서 벗어나려는 거야. 마음 역시 거짓됨과 인위적인 것에서 벗어나야 온전히 비워질 수 있어. 현재에 집중해. 그것이 곧 마음을 비우는 기술이 될 수 있는 거지. 지금 너도 나와 이야기를 나누고 있잖아. 여기에 집중하고 즐기면 행복한 거지. 그러나 네가 집으로 가는 길을 잃어버렸을 때를 생각하고, 슬픔에 빠져 과거 속에서 허우적대면 지금 행복은 저 멀리 달아날 거야. 그리고 또 네가 앞으로 집에 갈 수 있는 길을 찾을지, 못 찾을지 알 수 없어서 그걸 또 생각해서 절망한다면 현재 넌 절대로 행복할 수 없을 거야. 지금 나와 나누는 이 대화의 즐거움도 산산이 부서지겠지. 그렇지 않니? 그러니 행복이라는 건 현재를 잡을 때 비로소 얻을 수 있는 거야. 현재에 집중해서 이야기를 이어가는 게 네가 결국 집으로 돌아가는 해답을 찾는 것이기도 하니까, 마음을 현재에 묶어 놓도록 해. 무슨 말인지 알겠지?"

인성이는 노자의 이 말을 듣고, 고개를 끄덕였다. 이제야 무슨 말인지 확실히 이해가 되는 것 같았다. 정말 그랬다. 노자와 이야기를 하는 동안에는 즐거웠다. 그러나 길을 잃어버렸을 때, 혼자가 되었을 때, 깜깜한 어둠에 갇혔을 때 자신을 생각하면 너무 슬퍼졌다. 그리고 앞으로 집에 돌아갈 길을 못 찾으면 어쩌나 하는 걱정에 빠질 때에도 무척 괴로웠다. 이젠 노자가 무슨 말을 하는지 대략 알 것 같았다.

"그럼 노자 아저씨. 아저씨가 썼다던, 혹은 안 썼을지도 모른다던 그『도덕경』책의 내용이 방금 말한 거예요? 현재에 마음을 묶어 놓으면 행복해질 수 있고, 결국 마음을 비울 수 있다는 것인가요? 예전에 제가 우연히 텔레비전에서 오래된 영화를 봤거든요. 〈죽은 시인의 사회〉라는 영화였어요. 이 영화에서도 키팅 선생님이 학생들에게 '카르페 디엠(carpe diem)'을 주문처럼 외치게 가르쳐주었어요. '현재를 즐겨라!' 이렇게 외쳤죠. 노자 아저씨의 이야기를 들으니, 문득 그 영화가 생각이 나네요."

"그래, 인성아. 네 말이 맞아. 카르페 디엠은 우리말로는 '현재를 잡아라'이고, 영어로는 Seize the day로 번역되는 라틴어이지. 진리라는 것은 말이야. 다 통하는 법이야.『도덕경』에 진리가 담겨 있듯이, 같은 진리가 영화에도 담길 수 있어. 결국 궁극의 도는 서로 통하는 것이지. 길은 길로 이어져 있듯이, 우리가 도착해야 할 목적지로 향하는 길들은 결국 하나로 모아지는 거야. 인성아, 머뭇거리지 말아야 해. 길을 발견했으면 그 길로 나아가야 하는 걸 머뭇거리면 안 돼. 엉거주춤하면서 타협하려고 해서도 안 되고, 도를 찾았으면 그 도를 유지하는 게 중요하지. 길을 찾았을 때에도 그 길을 벗어나면 또 다시 길을 잃어버리는 것처럼, 항상 가고자 하는 길을 바라보아야 하지. 그게 바로 마음을 비우기 위해 현재에 마음을 묶어 놓는 거란다."

인성이는 이제 모든 것이 밝아지는 느낌을 받았다. 집으로 돌아갈 길이 마치 환한 불빛 속에 보이는 듯했다. 노자는 이런 인성이에게 마지막 당부를 했다.

"인성아, 항상 잊지 말기를. 흐르는 물처럼 살아라. 그래야 길을 발견할 수 있어. 물처럼 낮은 곳으로 흘러가고, 물처럼 다른 이들을 이롭게 하여라. 그리고 바위를 피해가는 물처럼 다른 이들에게 양보하고 다투지 말고, 너의 길을 가거라. 그러면 너는 가고자 하는 곳에 갈 수 있단다. 너의 집으로 돌아갈 수 있을 거야. 네가 원래부터 있던 곳으로 넌 갈 수 있을 테지. 다른 사람들도 마찬가지야. 자기가 왔던 곳으로 가려면 물처럼 살아야 해."

인성이는 노자에게 인사를 했다. 그리고 다짐을 했다. 노자의 가르침을 잊지 말자고. 그래야 집에도 돌아갈 수 있을 테니까. 인성이는 다음 문을 향해 나아갔다. 노자가 손을 흔들어주었다. 그 모습은 마치 얼핏 보면 물결이 치는 것처럼 보였다. 노자 아저씨는 물이었던가. 인성이는 노자 아저씨도 물처럼 담기는 그릇에 따라 그 모습이 달라지는 것이 아닐까 하고 잠시 생각했다. 그러면서도 다음 문으로 뚜벅뚜벅 걸어갔다. 이제 좀 더 발걸음에 힘이 생긴 것 같았다. 이젠 더 이상 두렵지 않다고 인성이는 생각했다.

THE GATE Ⅲ
플라톤

인성이는 자기 앞에 놓인 또 하나의 문을 바라보았다. 그 문은 대리석으로 만든 기둥이 그리스 신전 같아 보였다. 이번엔 서두르지 않고 천천히 다가가서 문을 두드렸다. 사자 모양을 한 쇠로 만든 문고리가 달려 있었기에, 그 고리를 탕탕 쳤다.

잠시 후, 인성이 앞에 문이 열렸다. 그리고 한 젊은 청년이 나왔다. 인성이는 이젠 망설이지 않고 먼저 물었다.

"아저씨는 누구세요?"

인성이의 이 앞뒤 자른 물음에도 그 청년은 당황하지 않고 자신을 소개했다.

"내 이름을 들어본 적이 있니? 난 플라톤이라고 해. 난 그리스 아테네에서 태어났지. 넌 누구니?"

인성이도 이 청년의 질문이 떨어지기 무섭게 바로 자기소개를 했다.

"아, 저는 대한민국의 일산에 사는 조인성이라고 해요. 갑자기 이리로 오게 되어서 집으로 돌아가는 길을 찾고 있는 중이에요. 처음에 장자 아저씨를 만났고, 그 다음엔 노자 아저씨, 이젠 플라톤 아저씨를 만나는 거네요. 플라톤 아저씨도 제게 집으로 돌아가는 방법에 대해 뭔가 이야기해주실 수 있는 거죠?"

플라톤은 인성이를 찬찬히 살펴보더니, 역시나 문 안으로 들어오라는 손짓을 했다. 인성이도 이젠 아무렇지 않게 자기 집에 들어가듯이 문 안으로 발길을 옮겼다.

플라톤을 따라 들어간 그 문 안에는 작은 광장처럼 보이는 아주 넓은 마당이 있었다. 아무 말 없이 플라톤을 쫄쫄 따라가던 인성이가 다시 질문을 했다.

"제가 그새 생각을 좀 해봤는데요. 아저씨 이름을 어디서 많이 들어본 것 같군요. 우리 동네 학원 이름 같기도 하고, 귀에 익은 이름이군요. 그만큼 유명한 사람인가요?"

플라톤은 인성이의 이 뜬금없는 질문에 겸연쩍은 미소를 날렸다. 그리고 이 이상한 질문에도 바로 대답을 해주었다.

"나는 사실 고대 그리스 아테네의 귀족 집안에서 태어났지. 요즘 말로 하면 '금수저'인 셈이지. 지금이나 그때나 마찬가지로 나역시 금수저답게 많은 혜택을 받았지. 그래서 잘 먹어서 체격도 훌륭했고, 교육도 제대로 높은 수준의 시와 그림 등 여러 방면에서 잘 받았지. 그런데 금수저로 태어났다고 해서 모두 나처럼 유명해지거나 하진 않지. 나도 살다가 음모에 빠져서 노예로 팔려간 적도 있었지. 그런데 은인을 만나서 겨우 자유인으로 다시 돌아온 거야. 이렇게 바닥을 쳤으니까 난 좀 다른 금수저인 셈이지. 어쨌든 평생 노예로 살 뻔 했던 나를 구해준 그 은인에게 나중에 돈을 갚으려고 했는데 거절하셔서, 나는 은혜를 갚기 위해 '아카데미아'라는 학당을 지어서 철학을 가르쳤지. 그리고 50년 동안『국가론』,『파이돈』,『향연』,『파이드로스』,『테아이테토스』,『파르메니데스』,『소피스테스』,『정치가론』,『필레보스』,『티마이오스』,『법률론』 등의 책들을 열심히 쓰다 보니, 나중에 사람들이 나를 서양 철학에서 최고로 쳐주더구나. 1924년에 영국에서 태어난 화이트헤드라는 철학자는 서양의 2000년 철학이 모두 나, 플라톤의 각주에 불과하다고 말했다는 거야. 나 좀 성공한 셈이지?"

한참동안 플라톤의 이야기를 듣던 인성이가 대답했다.

"그런데 플라톤 아저씨, 주석이 뭐예요?"

의외의 질문에도 또 플라톤은 미소를 띠며 친절하게 대답해주었다.

"주석이란 말이야. 사전을 찾아보면, 낱말이나 문장 또는 글의 뜻을 쉽게 풀이한 것이라고 나오지. 인성아, 모르는 말이 나오면, 아무도 없을 때에는 사전을 즉각 찾아보는 습관을 들이는 것이 좋지. 하지만 지금은 내가 옆에 있으니 대답해줄게. 쉽게 말해서,

2천년 동안 서양 철학에서 나 말고도 위대한 철학자들이 많았지만, 나 플라톤 이후의 서양 철학이란 다른 수많은 철학자들이 내 철학 사상을 계속 설명하고, 또 설명한 것뿐이란 말이야. 그러니까 내 생각을 그들이 계속 자기 언어로 또 설명해주고, 또 설명해 줬다 이거지. 그냥 언뜻 봤을 때에는 2천 년 동안 서양 철학이 굉장히 다양한 학설이 있는 것처럼 보이지만, 실제로는 내 철학 사상을 계속 되풀이한 것뿐이란 거지. 요즘 네가 듣는 가요들 중에도 예전에 불렀던 유명한 가수 노래를 다시 젊은 가수들이 자기의 음색으로 새롭게 부르는 것처럼 말이지. 가끔 편곡도 하고 말이지. 쉽게 비유하자면 그렇다는 이야기야. 그런데 어쨌든 화이트 헤드라는 철학자가 이런 평가를 했던 거지. 이 사람은 철학자이기도 하지만, 수학자, 논리학자였고, 런던에서 대학 교수를 하다가 나중에는 미국으로 가서 하버드 대학 교수가 되었으니까, 아주 헛소리를 할 만한 사람은 아니지. 하여튼 인성아, 나 이런 사람이야! 이제 나를 좀 알겠니? 하하하!"

인성이는 입을 벌린 채 플라톤의 계속되는 자랑을 듣고 있었다. 대단하긴 퍽이나 대단한가 보다고 생각했다. 어떻게 한 사람의 사상이 2천 년 서양 철학사를 쥐락펴락하는지 그 화이트 헤드라는 사람의 평가가 맞든, 아니든 그런 말이 나왔다는 것 자체가 영향은 다 미쳤다는 것이니 대단하긴 한 것 같았다. 그러자 다시 궁금증이 생겼다.

"플라톤 아저씨, 그런데 아저씨는 천재인가요? 어떻게 그 많은 책들을 쓰셨나요? 게다가 유효기간이 2천 년이나 되는 사상들을 어떻게 생각해내셨나요? 정말 대단하신대요?"

인성이의 깜짝 놀란 표정을 보자, 플라톤은 살짝 수줍은 듯이 웃었다. 그리고 머뭇거리면서 이렇게 말했다.

"사실 말이지. 내겐 스승이 있었지. 소크라테스라는 스승님인데, 그분이 책을 하나도 안 남기셨다는 거지. 그래서 내가 공식적으로 최고가 될 수 있었던 셈이야. 소크라테스 스승님은 책 같은 건 쓰지도 않으시고, 아테네 광장에 나가서 청년들에게 질문을 하시면서 생각을 전달하려고 했지. 소위 문답법이라는 방식으로 철학을 이끌어내셨지. 그래서 내 책들도 그런 대화식으로 다 되어 있어. 소크라테스 스승님의 영향이 아주 컸지. 난 소크라테스 스승님의 철학을 계승한 셈이야. 물론 그대로 물려받은 건 아니고, 나 스스로 발전시킨 거지. 그리고 수많은 책으로 그 사상을 남겼기에 후세에 많은 영향을 끼칠 수 있었던 거야. 인성아, 기록이란 건 그래서 아주 중요한 거야. 생활 속에선 메모, 그게 나중에는 책으로도 되는 것이고. 인간의 역사에서 기록만큼 중요한 건 없지. 그건 어떤 사건에 대해 명백한 증거가 될 수도 있는 것이고, 진짜와 가짜를 구분할 때 기준이 될 수도 있는 거지."

인성이는 고개를 끄덕끄덕하면서 듣고 있었다. 학교 선생님들도 평소에 메모가 중요하다는 이야기를 많이 하셨던 게 생각났던 것이다. 그러다가 인성이는 플라톤 아저씨의 스승님이 무척 궁금해졌다.

"아, 소크라테스라는 스승님이 그렇게 대단하신 분이군요. 플라톤 아저씨에게 그렇게 큰 영향을 주신 분이라니, 저도 꼭 한번 만나보고 싶네요."

플라톤은 이 말에 활짝 웃으면서 두 팔을 벌리며 인성이를 안은 채 다독거렸다.

"인성아, 너도 조만간 소크라테스 스승님을 만나게 될 거야. 나를 만났는데, 그분을 안 만나서야 되겠니. 집으로 돌아가는 길에 대해서 아주 중요한 이야기를 해주실 분이지. 물 흐르듯이 흘러가다 보면, 너도 곧 만날 거야."

_ 동굴의 비유

아직까지 두 사람은 작은 광장처럼 생긴 마당에서 이야기를 하고 있었다. 플라톤이 인성이에게 물었다.

"이제 다른 곳으로 갈까? 사실 이곳은 내가 소크라테스 스승님을 생각하면서 아테네의 광장처럼 만든 거지. 너를 소크라테스 스승님이 누비고 다니셨던 진짜 아테네 광장으로 데려가고 싶어. 하지만 어차피 나중에 네가 소크라테스 스승님을 만날 테니 그때 데려 가실지도 모르니, 난 다른 곳에 널 데리고 갈게. 나중에 집으로 돌아가는 길을 찾아서 집에 간다면 네가 어른이 되어 꼭 그리스 아테네로 여행을 가보도록 하렴. 아테네는 고대 서양 철학이 꽃 피었던 아주 의미 있는 곳이지. 그곳에 가서 한번 고대 철학자들의 숨결을 느껴보는 것도 참 괜찮은 경험일 거야. 소크라테스 스승님이 서 있던 그 자리에 네가 실제로 서 있다고 생각해 봐. 시간의 파도를 넘어서 바로 그 자리에 네가 있는 거지. 시간이라는 것은 인간이 만들어 놓은 것이고, 거기서 눈을 감고 가만히 있다 보면 몇 차원을 넘어서 실제로 소크라테스 스승님과 함께 거기 가 있는 느낌이 들 수도 있겠지."

집으로 돌아가면 인성이도 꼭 그리스 아테네 여행을 꿈꿔 보기로 했다. 그 여행을 위한 돼지 저금통을 미리부터 준비해야 되지 않을까 하는 생각도 들었다. 시작이 반이라고 하질 않나. 마음의 준비가 더 중요한 것 같았다. 그런데 마당에 계속 서 있다가 보니, 좀 추워지기 시작했다. 그때 플라톤이 인성이를 데리고 동굴 같은 곳으로 데려갔다.

"아저씨, 플라톤 아저씨. 이 동굴이 아저씨 집이에요?"

인성이의 이 질문에는 별다른 대답을 하지 않고, 플라톤은 주변의 나뭇가지를 모아서 장작불을 피우기 시작했다. 인성이도 플라톤을 따라 흩어져 있던 장작을 하나, 둘 모았다. 어느 정도 장작불이 피어오르자, 그제야 플라톤이 입을 열었다.

"인성아, 네 질문에 먼저 답을 해주마. 이 동굴은 내가 생각을 할 때 오는 곳이지. 어쩌면 내 상상 속의 장소일 수도 있어. 여기 와서 네게 이야기해 줄 것도 있고 해서 이리로 온 거야. 자, 우리 벽을 바라보고 앉아 보자."

플라톤은 이 말을 하면서 인성이를 장작불이 타고 있는 곳과 반대 벽 쪽을 바라본 채 앉혔다. 한창 불길을 좀 쬐고 있었는데, 뒤로 돌아앉으라니 인성이는 어리둥절했다. 하지만 플라톤 아저씨가 시키는 대로 했다. 플라톤이 말을 이었다.

"인성아, 이 벽을 봐. 지금 장작불 때문에 네 그림자가 보이지?"

이 말을 듣자, 인성이는 그림자놀이라도 하나 보다 생각하면서 손가락으로 늑대며 개 모양을 만들면서 장난을 쳤다.

플라톤은 인성이의 이런 장난에는 아랑곳하지 않고 이야기를 계속했다.

"인성아, 만약에 말이야. 상상을 한번 해보자. 우리가 이 동굴에 붙잡혀온 죄수들이야. 우리는 지금 줄로 꽁꽁 묶여 있어서 이 상태에서 꼼짝도 할 수가 없어. 계속 이렇게 벽만 바라보고 있어야 해. 평생 이렇게 살았다면 우리는 이 그림자가 실재라고 생각할 거야. 나무의 그림자, 새의 그림자, 그리고 꽃의 그림자, 이런 그림자들이 진짜 나무의 모습, 새의 모습, 꽃의 모습이라고 여기는 거지."

생각에 잠기며 이 말을 곰곰이 듣던 인성이가 외쳤다.

"그게 가능할까요? 어떻게 그림자를 실제 사물이라고 생각할 수 있을까요?"

플라톤은 인성이에게 대답했다.

"너야 실제로 진짜 사물과 그림자, 둘 다를 보았기 때문에 그걸 알 수 있는 것이지만, 처음부터 벽만 바라보게 묶여 있는 사람이라면 다른 세상을 어떻게 알 수 있겠니? 동굴 속에서 평생 벽만 바라보면서 묶여 있는 사람은 저 모닥불을 진짜 빛이라고 생각하는 거지. 동굴 밖을 나가면 태양의 빛이 있다는 걸 모른 채 말이야."

그제야 인성이는 고개를 크게 끄덕이면서 손뼉을 탁 치며 이렇게 대답했다.

"아하! 그렇군요. 마치 북한 사람들이 외부 세계를 모른 채 갇혀 사니까, 보여주는 것만 진실이라고 믿는 것과 같은 거군요!"

플라톤은 잠시 머뭇거리다가 이렇게 말했다.

"정확한 비유라고 하기엔 좀 그렇지만, 유사한 비유는 될 것 같아. 그런데 그건 또 다른 의미의 접근이고, 내가 지금 말하고 있는 건 철학적인 근본 개념이지."

인성이가 그 말을 듣자, 고개를 갸웃거렸다.

"아, 어려워지기 시작하는군요."

"아니야, 하나도 안 어려워. 철학이라는 말만 나오면 어렵다고 자꾸 선을 그어버리니까 어려운 거야. 자, 생각해 봐. 내가 다시 이야기해줄게. 엄마가 사온 상추가 첫날은 어떠니? 파릇파릇하지.

생생하단 말이지. 그런데 그걸 냉장고에 넣어두고 몇날며칠이 지나면 어떻게 되지? 처음엔 좀 생기가 없어지다가 그 다음엔 시들시들해지고, 결국은 너무 오래 두면 물러지게 되지. 그런데 너는 가장 최상의 상추, 가장 이상적인 상태의 상추를 먹고 싶은 거야. 이 세상에서 가장 상추의 원형에 가까운 상태를 상상해보고, 그걸 꼭 먹었으면 하는 거야. 그건 냉장고에 오래 두었던 물러진 상추가 아니고, 또 마트에 파는 상추도 운반 과정에서 최상의 상태보다는 약간 생기를 잃은 거지. 하지만 너의 소원이 네 생각 속에서 최상의 상태인 완벽한 상추를 꼭 먹는 거라고 생각해 봐. 바로 그게 상추의 '이데아' 상태이지."

인성이는 그 말을 듣더니 이렇게 말했다.

"아, 정말 물러진 상추를 보면 속상해요. 맛도 없고, 먹을 수도 없어요. 정말 그럴 때에는 최상의 상추를 상상하게 되죠. 그런 상추가 있으면 얼마나 좋을까 하고 말이에요. 상태가 안 좋은 상추를 볼 때마다 더 그런 상상을 하게 되는 것 같아요. 상추를 예로 드니까, 이해가 잘되는데요."

플라톤이 껄껄 웃었다.

"이해가 잘된다니 다행이네. 하지만 사람들은 아주 오래전에 내가 『국가론』이라는 책에서 썼던 비유를 다들 알고 있지. 거기서 나는 이렇게 말했지. 모든 것에는 각각의 이데아가 있다고. 이 세상에 있는 건 단지 그걸 모방한 것일 뿐이라고. 아까 동굴의 비유에서 그림자가 실제 사물의 이데아를 모방한 것처럼 말이야. 이번엔 직선을 예로 한번 들어보자. 직선이라는 것은 구부러지지 않은 상태의 선이지. 두 점을 곧게 이은 선, 즉 선분을 끝없이 늘인 곧은 선을 직선이라고 사전적 정의를 내려놓았지. 하지만 이데아적인 관점에서 보면 이 세상에 존재하는 직선은 진짜 직선이 아니야. 칠판이나 종이에 자를 대고 직선을 그어본들, 그 표면의 마찰에 의해 완벽한 직선으로 그어질 수 없어. 돋보기를 꺼내서 자세히 보면 분명히 구불구불해진 선을 볼 수 있지. 그래서 진짜 직선은 우리의 머릿속에 존재하는 셈이지. 그게 바로 직선의 이데아 상태야."

플라톤은 이 말을 하고 나서 인성이를 빤히 쳐다보았다. 정말 인성이가 이해를 하는지, 아닌지 알아보려는 듯했다. 하지만 인성이는 알듯, 모를듯 가물가물했다. 약간 멍한 표정을 짓자, 플라톤이 말했다.

"인성아, 반드시 네가 이런 이데아론을 자세히 알 필요는 없어. 그냥 내가 예전에 나의 가장 대표적인 저서인 『국가론』에서 이 이야기를 했다는 거야. 날 만났으니, 나의 가장 중요한 생각을 네가 들어보는 것도 좋을 것 같아서 말해준 거야. 지금 이해가 안 되더라도 살다 보면 잘 알게 될 때가 올 거야. 어려우면 그냥 상추를 생각해봐. 가장 이상적이고 완벽한 상태의 상추는 우리 머릿속에나 있다는 걸."

_ '4주덕'이라는 이름의 알약

인성이는 아직도 멍 때리는 표정을 완전히 지우지 못한 채, 플라톤을 쳐다보면서 이렇게 말했다.

"플라톤 아저씨, 상추 이야기를 계속 듣다보니까 배가 몹시 고파지는데요. 뭐 먹을 만한 게 없을까요? 상추와 삼겹살이 있으면 더 좋을 것 같고요. 헤헷."

"그래, 앞으로 7개의 문을 더 열고 가려면 속을 좀 든든히 채워야겠지. 상추와 삼겹살은 없지만, 알약을 줄게."

그러면서 플라톤은 파란 병에서 빨간 알약을 세 개 꺼내서 인성이에게 건넸다.

"이 알약은 말이지, 각각 지혜, 용기, 절제라고 해. 네가 이 알약을 세 개 먹으면 이 세 가지 덕이 모여 너는 '정의'까지 가지게 되는 거지. 역시 내가 예전에 『국가론』이라는 책에서 이 이야기를 했거든. 농·공·상의 계급은 절제의 덕을 갖춰야 하고, 군인 계급은 용기를, 최고의 계급인 통치자 또는 철학자는 선의 이데아를 인식한 지혜를 갖추어야 한다고 말했어. 하지만 그 당시는 사람들 사이에 계급이 있었지만, 요즘은 세상이 달라졌지. 그래서 한 사람이 이 네 가지 덕을 모두 갖추는 것이 더 필요할지도 모르지."

인성이는 플라톤이 주는 대로 알약 세 개를 꿀꺽 하고 삼켰다. 물이 없어도 잘 넘어갔다. 이젠 정말 지혜, 용기, 절제의 3덕에다가 정의라는 4덕까지 갖춰진 사람이 될 거라고 생각하니 절로 기분이 좋아졌다.

"플라톤 아저씨, 고마워요. 아저씨가 주신 알약 덕분에 제가 앞으로 많이 달라지겠는데요."

플라톤이 겸연쩍게 웃으며 말했다.

"그런데 인성아, 한 가지 잊고 말해주지 않은 게 있어. 이 알약의 효력은 잠시뿐이라는 거지. 그 효능을 계속 유지하려면 네가 꾸준히 그 알약을 먹어야 한다는 거야. 이제 네 안에 그 4덕이 자랄 수 있는 토대는 마련되었지만, 그 4주덕이 계속 성장하려면 넌 끊임없는 노력을 해야 한다는 거야. 매일 세 알씩 먹을 수 있겠니? 자, 내가 한 통을 주마."

플라톤이 건네준 병에는 '국가론'이라는 글자가 적혀 있었다. 약병의 이름이었다. 그러자 인성이는 살짝 아쉬운 표정을 지으면서 대답했다.

"플라톤 아저씨, 괜찮아요. 한번에 너무 욕심을 부리면 안 되겠죠. 그래도 제 안에 그 4덕이 세팅이 되었다는 게 반갑죠, 뭐. 플라톤 아저씨와 이야기한 덕분에 그래도 그 4덕이 제게서 시작된 건 사실이잖아요. 그것만으로도 감사해요. 매일 꾸준히 약을 잘 챙겨 먹을게요. 걱정 마세요."

인성이는 이렇게 대답했지만, 곧 이 약속을 끝까지 못 지킬 것만 같았다. 이 약을 다 먹고 나면 어디서 약을 구하지? 여기까지 생각이 미치자, 인성이는 얼굴이 어두워졌다. 곧 플라톤이 눈치를 채고 이렇게 말해주었다.

"인성아, 걱정 마. 네가 약을 다 먹고 나면, 저절로 약이 또 채워질 테니까. 그냥 꾸준히 먹기만 해. 만일 어느 날 더 이상 약이 안 채워져 있으면, 도서관에 가봐. 그곳에 약이 많을 거야."

이 말을 듣자 인성이는 다시 기분이 좋아졌다. 그리고 플라톤이 참 철저한 사람이라는 생각이 들었다.

"아저씨, 플라톤 아저씨. 아저씨는 완벽한 사람 같아 보여요. 빈 틈이 없어 보이네요."

"그래, 나는 감성보다는 이성을 중시하는 사람이야. 그래서 내가 예전에 다른 책에서 이런 말도 썼지. 이 세상의 도서관에 있는 시인들의 책을 모두 불태워버려야 한다고 말이지. 사람의 감성을 자꾸 자극하는 책들은 이성으로부터 인간을 멀어지게 할 뿐이거든. 아무짝에도 쓸모없는 것들이지."

인성이는 플라톤의 이 말을 듣자, 깜짝 놀랐다.

"앗, 너무 놀라운 이야긴데요. 좀 과격하신 것 아닌가요? 전 시를 참 좋아하는데요. 그리고 감성이 사람들에게 도움을 줄 때도 많은 것 아닌가요? 상상력도 결국 감성에서 나오는 것 아닐까요?"

플라톤은 표정이 딱딱하게 굳어졌다. 여태껏 봐온 친절한 아저씨의 얼굴이 아니었다.

"인성아, 물론 네 말도 맞지만, 내가 살던 시대에는 그만큼 감성적 접근 방식이 많은 피해를 주었지. 그래서 그런 과격한 표현을 했을 뿐이야. 그때로선 나는 내가 맞는 말을 했다고 생각해. 그 당시 시인들의 대책 없는 감성적 태도가 많은 젊은이들의 이성적 판단을 흐려놓았거든. 나는 아직도 인간이 감성적 존재보다는 이성적 존재가 되어야 한다고 본단다. 이성적 인간이 인간의 가장 최상적 상태, 즉 이데아라고 생각해. 물론 현실에는 그런 이성적으로 완벽한 인간은 없을지도 모르지. 하지만 우리는 그럴수록 인간의 이데아적인 상태를 계속 모사하는 노력을 해야 할지도."

_ 인간의 이데아적인 상태가 천재일까?

인성이는 이 이야기를 듣다가 문득 한 가지 생각이 떠올랐다. 그래서 플라톤에게 질문을 했다.

"그럼 아저씨, 플라톤 아저씨. 방금 생각난 건데, 인간의 가장 이데아적인 상태가 혹시 천재가 아닐까요? 아저씨는 어떻게 생각하세요?"

플라톤은 인성이의 이 말을 듣자, 곧바로 고개를 가로저었다.

"인성아, 내가 이데아는 현실에 존재할 수 없는 관념 속의 상태라고 했지. 가장 완벽한 상태. 그래서 인간의 이데아도 이 세상에 존재할 수는 없어. 게다가 천재는 이성적 인간이라기보다 아주 감성적 요소가 많은 인간의 종류지. 나보다 무척이나 한참 뒤인 1835년에 태어났던 체자레 롬브로조라는 친구가 '천재는 궤도를 잃은 유성과도 같은 존재'라고 한 마디로 말했지. 그러니까 그 친구도 천재를 완벽한 존재로 본 게 아니라, 오히려 궤도를 이탈한 인간으로 본 거야. 그 친구는 요즘으로 보면, 〈CSI〉나 〈크리미널 마인드〉와 같은 미국 드라마에 나올 만한 캐릭터이지. 아니, 오히려 이런 드라마가 나올 수 있었던 것은 아주 크게 보면 체자레 롬브로조의 덕분이지. 왜냐하면 이 친구가 범죄학의 문을 열었기 때문이지. 그 당시 법의학과 위생학 교수였는데, 『범죄인론』과 『천재론』을 저술했어. 네가 천재에 대해 궁금하다면, 한글로 잘 번역된 『미쳤거나 천재거나』를 보면, 천재에 대한 호기심이 많이 해소될 거야. 천재들에 대한 어마어마한 사례들을 모아 놓은 책이니까. 물론 그 당시는 지금으로부터 꽤 옛날이기 때문에 요즘의 시각으로 보면 받아들이기 힘든 부분도 많지. 예를 들어서, 인간의 범죄성이 유전적 형질이라고 주장했던 부분이야. 즉 범죄자들이 생물학적으로 열성적인 특징을 지니고 있다는 것을 증명해내고자 그런 사례들을 모았거든. 그런데 인성아. 우리가 책을 읽는다는 건 말이야. 그 책이 모두 백 퍼센트 사실을 포함하고 있어서 읽는 게 아니지. 역사적으로 그 시대적 상황을 알기 위해서 읽는 이유도 있어. 그리고 항상 어떤 위대한 인물도 그 사람이 놓인 시대 상황을 벗어날 수 없거든. 많은 사람들이 위대하다고 생각하는 세종대왕도

그 시대적 상황에서 평가해야지, 지금 현대의 잣대로 그를 보면, 세종대왕 역시 독재자야. 그러니 롬브로조 이 친구의 주장도 그런 시대적 상황을 고려해서 탐색하는 게 중요하지. 그렇다고 해서 그들의 업적이 없어지는 건 아니니까 말이야. 그래서 독서를 편협하게 생각하는 사람들은 마치 정답을 찾아서 책을 읽는 태도를 취하거든. 우리는 정답을 얻기 위해 책을 보는 게 아니지. 그 전체적인 흐름을 보면서 그 생각 속을 헤엄치며 우리 나름의 지적 세계를 확장하기 위해서 책을 읽는 거야. 나 보고도 후세 사람들이 내 책『국가론』에서 지혜의 덕을 가진 철학자가 국가를 다스려야 한다고 하니까 독재라고 말하던데, 내가 처한 시대적 상황을 고려해줘야지. 만일 현대의 잣대로 예전의 모든 것을 평가한다면 그건 아주 좁은 해석이야. 그렇다면 정말 도서관에 있는 모든 고전들을 다 불태워버려야 할 걸.”

인성이는 유난히 길게 이야기하는 플라톤 아저씨의 얼굴을 찬찬히 바라보았다. 몹시 진지해보였다. 그만큼 꽤 중요한 이야기 같았다.

“플라톤 아저씨, 그럼 천재는 인간의 이상적 모델이 아니군요. 이데아적인 대상이 아니네요. 저는 천재가 인간이 도달할 수 있는 가장 최상의 상태가 아닐까 하는 생각이 문득 들었거든요. 그런데 롬브로조 아저씨가 천재에 대한 사례를 그렇게 많이 모았다니, 저도 그 책을 한번 읽어봐야겠네요. 무척 궁금해지네요. 천재를 보고

'미쳤거나 천재거나'라고 했다니까, 천재가 완벽한 인간형은 아니군요."

"그렇지. 롬브로조 그 친구 말에 의하면, 오히려 천재는 광기에 휩싸인 인간 존재라는 거지. 하지만 천재가 특별한 인간 존재는 맞는 것 같아. 롬브로조 그 친구가 이렇게 말했거든. '천재들은 보통 사람들보다 더 많은 것을 느끼고, 더 많은 것을 본다. 그리고 훨씬 더 활력적이고 집요한 면이 있다. 그들은 기억력에서도 월등한 모습을 보이고 여러 상황을 조합하는 능력도 뛰어나다. 보통 사람들이라면 무심코 흘려버릴 작은 것들도 놓치지 않고 이리저리 조합해서 수천 가지 새로운 모양을 만들어낸다. 이것을 '창조'라고 부르는 것이다. 창조는 단지 다양한 감각의 조합에 불과한 것이다.' 그런데 천재성이 유전적 정신병의 형태일 수 있다는 주장을 하지. 천재의 뛰어난 능력 뒤에는 그늘 같은 광기가 숨겨져 있다고 말이야. 그러니 천재는 이성적 인간의 이데아적인 것과는 아주 거리가 멀다고 할 수 있어. 광기는 오히려 감성적인 것의 소위 '끝판왕'이라고도 할 수 있는 거니까. 내가 살짝 귀띔을 해준다면, 인성이 네가 다음 문을 열게 되면 만날 사람도 말년에는 이 광기에 휩싸였지."

인성이는 이 말을 듣자, 눈이 동그레졌다. 그리고 이렇게 소리쳤다.

"아니, 아저씨, 플라톤 아저씨! 그럼 저보고 지금 혼자서 미치광이를 만나러 가라는 말씀인가요? 아, 무서워요."

플라톤은 동굴이 떠나갈 듯이 크게 웃어댔다.

"아니야. 설마 내가 널 광인에게 인도하겠니. 말년에 죽기 전 그랬다는 것이지. 다음에 네가 만날 사람은 아주 지적인 청년이니까 안심해도 돼. 너무 중요한 이야기를 많이 해줄 사람이니까 기대를 해도 좋아. 물론 이성을 중시한 나와는 대척점에 놓인 사람이지만, 철학사에서 그의 존재를 빼놓을 수는 없지. 게다가 인성이 네가 사는 나라인 대한민국에서 사람들이 가장 좋아하고 많이 찾는 외국 철학자 중 한 명이라고 하더구나."

눈동자를 이리저리 굴리면서 듣던 인성이는 이렇게 말했다.

"누굴까요? 저는 아직 잘 모르겠는데요. 어쨌든 미치광이는 아니라니까 안심이네요. 처음엔 진짜 깜짝 놀랐네요. 이제까지 만났던 장자, 노자, 플라톤 아저씨 모두 친절했는데, 갑자기 광인을 만나라고 하는 줄 알고요. 친절한 아저씨면 좋겠어요."

_ 마지막 당부

플라톤은 이제 인성이와 이별을 해야 하는 순간이 왔다는 것을 알았다. 그래서 인성이에게 다짐을 받았다.

"마지막으로 당부하는데, 인성아. 이데아적 세계를 탐구하는 걸 잊지 말기를. 그런데 이데아의 세계를 파악하기 위해선 내가 중시한 이성을 통한 지식이 절대적인 거야. 이데아는 오직 이성을 통해서만 파악할 수 있단다. 즉 이성이야말로 이데아의 문을 열어주는 가이드라고 할 수 있어. 이걸 절대로 잊으면 안 된다. 네가 다음 문을 열어줄 사람을 만나면 감성의 늪에 갇힐까봐 노파심에 다짐을 받아 두는 거야."

인성이는 플라톤의 두 손을 잡고 걱정하지 말라면서 꽉 잡아주었다.

"플라톤 아저씨, 걱정 마세요. 예전에 우리 학교 선생님이 말씀하신 게 기억나요. 인간은 이성과 감성의 존재이지만, 한쪽으로 무게중심이 몹시 기울어지면 다른 한쪽을 제대로 볼 수가 없다고 하셨거든요. 그래서 플라톤 아저씨의 말도 전 그냥 한쪽으로만 들을 거예요. 플라톤 아저씨는 이성만 중요하다고 하셨잖아요. 이성만이 이데아의 문으로 갈 수 있는 통로라고요. 하지만 전 그 생각도 듣고, 저 생각도 들을 거예요. 그리고 이성과 감성, 이 두 가지 색으로 세상을 볼래요. 그게 더 다채로운 걸 많이 볼 수 있을 것 같아요."

플라톤이 인성이를 물끄러미 바라보았다. 그리고 무릎을 탁 치면서 이렇게 말했다.

"하하, 그래 인성아! 너 나름의 생각 체계를 잡아가렴. 이성과 감성의 조화를 말하는 것이구나. 혹은 정신적인 것과 물질적인 것의 종합이라고 말할 수도 있지. 이건 말이야. 내 제자인 아리스토텔레스가 나중에 생각해낸 거지."

인성이는 아리스토텔레스라는 이름을 듣자, 곧 만나게 되는지 궁금해졌다.

"아, 그럼 혹시 앞으로 제가 플라톤 아저씨의 제자이신 아리스토텔레스 아저씨도 곧 만나게 되나요?"

플라톤이 고개를 가로저었다.

"아니야. 넌 여기서 그 친구를 만나진 못할 거야. 그 친구는 정말 엄청난 이론을 만들었어. 소크라테스 스승님과 나 플라톤의 이성 중심적 철학 사상을 아리스토텔레스 그 친구가 한층 발전을 시켰다고 할까. 타협을 했다고 할까. 아리스토텔레스 이 친구는 내가 아까 말했던 노예에서 날 풀어준 사람의 은혜를 갚기 위해 만든 '아카데미아'라는 학교에 18세 쯤 처음 들어와서 20년 동안이나 공부를 했거든. 이 친구가 말이야. 나를 너무나 고결한 사람이라고 아무나 나를 찬양해서는 안 되고, 나를 찬양할 만한 가치와 자격이 되는 사람만 날 찬양해야 된다고까지 말한 내 광팬이었지. 나를 무척이나 존경했어. 그리고 나의 가장 뛰어난 제자이기도 했지. 하지만 학문적으로는 나한테 완전히 매몰되진 않았어. 이데아를 중시한 내 관념론적 철학 흐름을 물질 중심적인 철학 사상으로 물줄기를 일부 바꿔놓았다고 볼 수 있지. 그래서 자신만의 철학을 하려고 노력했지만, 나를 완전히 벗어나진 못한 채 관념론과 유물론 사이에서 왔다 갔다 했지. 그래도 철학이란 건 말이야, 인성아. 생각의 과정이 중요한 것이기 때문에, 그 자체로서 아주 훌륭한 거야. 아리스토텔레스는 정말 대단한 친구야. 내가 주장한 이성 중심주의와 정신적 철학의 거대한 흐름에서 벗어나려고 시도한 자체가 엄청난 전환이거든. 그 당시의 시대적 상황에서 봤을 때에는 굉장한 실험정신이지. 그리고 여담으로 말하자면, 아리스토텔레스 그 친구는 알렉산더 대왕이 왕자일 때 스승이었어."

"알렉산더 대왕은 또 누구예요?"

기억이 날듯, 말듯 하는 이름을 듣자, 인성이가 재빨리 물었다.

"기원전 336년 무렵에 그리스와 페르시아 그리고 인도에 이르는 대제국을 건설했던 마케도니아의 왕이야. 워낙 넓은 대영토를 통일해서 다스렸기에 대왕이라고 후세 사람들이 부르는 거지. 결과적으로 그렇게 넓은 지역을 통일했기에 그리스 문화와 오리엔트 문화를 융합시킨 새로운 헬레니즘 문화가 탄생할 수 있었던 거야. 다른 색깔의 문화의 조합, 아주 창조적인 역사를 만든 셈이지."

플라톤은 여기까지 말하자, 숨이 찬 듯 잠시 말을 멈췄다.

"아쉽네요. 그렇게 대단한 알렉산더 대왕님의 스승인 아리스토텔레스 아저씨를 못 만나보다니."

인성이가 풀이 죽은 목소리로 말했다. 그러자 플라톤이 다급하게 손을 크게 가로저으면서 흔들었다.

"아니야, 아니야. 알렉산더 대왕의 스승이라서 대단한 건 아니지. 아리스토텔레스는 서양 철학사에서 대왕만큼의 위치만큼이나 엄청난 업적을 쏟아냈어. 많은 책들을 썼는데, 안타깝게도 지금까지 전해오는 건 아리스토텔레스가 강의한 원고들뿐이지. 그중에서 논리학과 관련된 『오르가논』, 그밖에 『자연학』, 『영혼론』, 『형이상학』, 『니코마코스 윤리학』, 『정치학』 등등이 있어. 하지만 이 책들을 인성이 네가 다 볼 필요도 없고, 알 필요도 없어. 그냥 그렇다는 이야기지.”

인성이가 눈을 깜빡이며 말했다.

“아, 생각났어요. 삼촌을 따라 서점에 갔다가 ‘니코마코스 윤리학’이라는 제목의 책을 본 기억이 나요. 서점에 많던데요. 그 책은 유명한가 봐요.”

“그래, 다른 건 몰라도 윤리학 책은 많은 사람들이 모범을 삼고 싶어서 읽는 거겠지. 인성이 너도 나중에 시간 나면 읽어 봐. 그러나 요즘 시각으로 보면 재미는 없을 거야. 그냥 아리스토텔레스 그 친구 생각이 너무 너무 알고 싶으면 가장 접근하기 쉬운 그 책부터 보라는 거지. 분명히 말하는데 재미는 무진장 없어. 그러니 왜 그렇게 재미없는 책을 보라고 권했는지 날 원망은 하지 말길. 난 절대로 꼭 보라고는 이야기하지 않았고, 정말 그 친구가 궁금하면 보라는 거야.”

인성이가 이 말에 샐쭉 웃으면서 대답했다.

“네, 네 알겠어요. 원망하지 않을게요. 그런데 지금으로선 딱히 읽을 생각은 없어요."

플라톤은 이제 인성이를 다음 문으로 안내하려고 일어섰다. 동굴에서 나가면서 인성이에게 이렇게 말했다.

"다음에 너에게 문을 열어줄 사람은 좀 까칠할 수도 있어. 그러나 너무 긴장은 하지 않아도 돼. 어쩌면 어떤 의미에선 굉장히 매력적인 사람일 수 있지. 그 매력에 맘껏 빠져보아도 돼. 나와 반대편에 서 있는 사람일 수 있지만, 그의 매력을 부정할 순 없지. 얼른 가봐."

인성이는 플라톤에게 아쉬운 작별 인사를 하면서 잘 대해줘 고맙다는 말을 남겼다. 그리고 동굴에서 빠져나와 다시 그 다음을 향해 발자국을 내딛었다.

THE GATE of DREAM

THE GATE IV
니체

　인성이는 플라톤이 준 알약도 얻어먹고 나서인지, 네 번째 문 앞에 서자 예전과는 완전히 달랐다. 이젠 전혀 두렵지 않았고, 기대까지 되었다. 설레었다. 플라톤이 아주 매력적인 사람이라고 언질을 준 탓인지 살짝 흥분이 되기도 했다. 얼마나 멋진 이야기를 또 들려줄 것인가.

　식물로 치면 인성이는 자신이 무럭무럭 자라서 이제는 마치 나무가 된 듯한 기분이었다. 문이 열릴 때마다 이야기의 물을 먹고 성장하는 것 같았다. 생각의 씨앗이 잎을 틔우고, 또 거기에 가지가 생기고, 드디어 작은 나무가 되어 있는 것 같았다. 생명의 힘이 느껴지면서 그 생기를 사방으로 뿜어내고 있었다.

　인성이는 새로 나타난 문 앞에 섰다. 그리고 아주 선명한 소리를 내면서 똑똑 하고 크게 노크를 했다. 그러자 문이 자동으로 열리면서 점핑을 하는 트램플린이 나타났다. 언뜻 봐도 아주 단단한 강철로 만들어진 스프링이 달려 있는 사각형의 매트가 눈앞에 펼쳐졌다. 순간, 인성이는 당황했다. 이제까지와는 너무 다른 광경이 자신을 맞이했기 때문이다. 소위 요즘 말로 '이게 뭐밍?' 하는 말이 저절로 나왔다.

인성이가 낯선 풍경에 어리둥절해 하고 있을 때, 한 남자가 나타났다. 약간은 유행이 지난 정장을 말끔하게 차려 입은 청년이었다. 자세히 보니 멋진 콧수염을 길렀고, 강렬한 눈빛을 지닌 사람이었다. 옷은 아주 멋쟁이처럼 멋을 낸 모습이었지만, 요즘 유행은 아닌 것 같았다. 그런데 이렇게 멋있는 아저씨가 말년에 미치광이가 된다니 믿어지질 않았다. 인성이는 이제까지와는 색다른 느낌이라 살짝 긴장했다.

드디어 그 남자가 입을 열었다.

"안녕, 꼬마야. 나는 니체라고 해. 프리드리히 니체야."

인성이는 반갑게 인사를 건네오자, 그제야 긴장이 좀 풀리는 것 같았다. 하지만 '꼬마'라는 말에 기분이 좀 상하긴 했다. 중학교 1학년이지만 몸집이 작아서 그런지 초면에 꼬마라고 불리는 게 썩 내키지는 않았다. 언뜻 보면 초등학생으로 보여서 그런 걸까. 그렇지만 예의상 곧 밝은 목소리로 인사를 했다.

"아저씨, 안녕하세요. 전 인성이라고 해요. 조인성."

니체는 인성이에게 트램플린을 가리키면서 위로 올라가라는

손짓을 했다. 인성이는 시키는 대로 신발을 벗고 올라갔다. 예전에 이 기구로 놀아본 경험이 있었기 때문에 두렵지는 않았다. 그래서 트램플린에 올라가서 붕붕 뛰어올랐다. 처음에는 살짝 뛰어보다가 곧 재미가 들려 높이 솟아올랐다. 그러자 세상도 함께 흔들거리는 것 같았다. 땅도 움직이고 하늘도 움직이는 듯했다. 심하게 뛰어오를 때에는 땅과 하늘이 왔다 갔다 바뀌는 것도 같았다. 인성이는 한참을 뛰다가 제정신이 돌아와서 멈추고는 니체를 바라보았다. 니체는 인성이가 재밌게 놀고 있는 모습을 빙그레 웃음을 지으면서 지켜보고 있었다.

"아저씨, 니체 아저씨. 이제 그만 뛸까요? 왜 저보고 여기에 올라가라고 하셨나요?"

그냥 지켜만 보던 니체가 입을 열었다.

"아, 그건 말이지. 인성이 네가 마음의 준비를 좀 단단히 하라고 준비 운동을 시킨 거야. 이제부터 내가 들려줄 이야기는 트램플린에 올라간 것처럼 너의 생각을 가만히 있게 하진 않을 거야. 방금 뛰어논 것처럼 네 마음이 그렇게 요란스럽게 흔들릴지도 몰라. 단단히 마음의 준비를 하라는 의미에서 잠시 거기서 놀아보라는 거지. 또한 너와 나의 대화도 이런 놀이일 수도 있는 거고."

인성이는 이젠 트램플린에서 내려와 신발을 다시 신었다. 오랜만에 뛰었더니 기분은 상쾌해진 것 같았다. 조금 어지러운 후유증은 있었지만, 새로운 느낌이었다.

_ 거꾸로 보기

인성이는 한참을 뛰고 내려왔더니 아직까지도 가슴이 두근두근했다. 니체를 만나서 심장이 뛰는 것인지, 트램플린 탓인지 잘 모르겠지만 하여튼 심장이 바운스, 바운스했다.

니체는 발그레해진 인성이를 건물 안으로 안내했다. 아주 특이하게 생긴 집이었다. 마치 집을 거꾸로 뒤집어 놓은 듯한 생김새로 지붕이 아래에 있었다. 들어가면서 인성이가 말했다.

"니체 아저씨, 참 특이하게 생긴 집에서 사시는군요. 이런 모양의 집은 처음 봤어요. 마치 집을 통째로 거꾸로 세워 놓은 것 같아요."

이 말을 들으면서도 니체는 아무 대꾸도 없이 응접실로 가서 인성이에게 차를 한 잔 대접했다. 소파는 아주 편안해 보였다. 인성이는 푹신한 브라운 색깔의 가죽 소파에 앉아서 뜨거운 차 한 잔을 홀짝 홀짝 들이마시기 시작했다. 니체도 그 맞은편에 앉았다. 그도 한 모금 마시더니 인성이에게 말했다.

"인성아, 내게 무슨 이야기를 제일 먼저 듣고 싶니?"

뜻밖의 질문에 인성이는 잠시 머뭇거렸다. 그리고 홀짝대던 찻잔을 내려놓고 조금 가라앉은 목소리로 겨우 말했다.

"사실은 제가 집으로 돌아가는 길을 찾고 있어요. 저는 무엇보다도 그 해답을 듣고 싶어요. 저는 갑자기 이 낯선 공간으로 왔어요. 그런데 계속 문을 열고 새로운 이야기들을 듣다 보니 잠시 까먹고 있었는데, 집으로 너무 빨리 돌아가고 싶어요. 제가 어떻게 하면 집에 갈 수 있을까요? 저는 그 길을 찾기 위해 계속 문을 열고 있는 거랍니다."

이 말을 듣자, 니체가 짧게 말했다.

"모든 걸 거꾸로 생각해 봐. 답이 보일지도 몰라."

인성이는 놀란 눈으로 다시 물었다.

"거꾸로 보라구요?"

니체가 대답했다.

"그래, 모든 걸 뒤집어엎는 거지. 답이 안 보일 때에는 그 방법도 좋아. 나는 말이야. 내 아버지는 목사님이셨지. 나는 내가 스스로 선택하지도 않았는데, 어릴 때부터 기독교 집안에서 그 믿음을 강요받았지. 하지만 나는 진리를 찾고 싶었어. 삶의 해답이 무엇인지 알고 싶었지."

인성이는 과연 그가 그 답을 찾았는지 궁금해졌다. 그래서 그 결론부터 듣고 싶었다.

"그래서 아저씨는 그 답을 찾았나요?"

니체는 단호하게 대답했다.

"찾았지. 난 최종적으로 '초인'이 되는 것이 그 해답이라고 생각했어."

인성이가 되물었다.

"초인이 뭐죠?"

니체가 말했다.

"내가 이름붙인 '초인'이란, 독일어로 위버멘쉬라고 하지. 어떤 사람들은 내가 말한 이 초인을 '천재'로 해석하지. 혹은 또 다른 바보들은 이 초인을 성인군자라고 하지. 또는 인간의 가장 이상적인 모습이라고 평가를 하지. 그러나 모두 틀렸어. 나는 그런 의미로 초인을 말한 게 아니야. 내 책『이 사람을 보라』를 보면, 내가 말한 이 초인의 의미가 분명하게 나오지. 이 초인은 진화론적 개념이나 이상주의적인 관점에서 말한 게 아니야. 세상 사람들은 나를 자꾸 오해하고, 그들의 시각에서 나를 평가하지. 하긴 그 책임이 내게도 조금은 있다는 걸 부정은 못하겠어. 왜냐하면 나는 시와 잠언처럼 비유적으로 내 생각을 말하곤 했으니까. 특히『차라투스트라는 이렇게 말했다』라는 책에서는 이런 은유적 표현이 그 절정에 다다르지."

이 말을 듣자, 인성이는 니체가 더 궁금해졌다. '이 사람의 정체는 도대체 뭐지?'라는 생각이 들었다. 그리고 장자 아저씨가 떠올랐다. 장자 아저씨도 '학의 다리가 길다고 자르지 마라'처럼 비유적인 표현으로 말하지 않았던가. 이런 생각을 하고 있으려니, 니체가 더 말을 이어갔다. 할 말이 많은 것 같았다.

"초인은 말이야. 스스로를 극복하는 존재지. 그리고 세상 사람들의 잣대에 의해서 보는 것이 아니라, 스스로가 세운 기준으로 세상을 살아가는 거야. 이 낡은 세상은 더 이상 진리를 말해주지 못하지. 생명의 순수한 에너지로 이 세상의 해답을 찾아 떠나는 거야. 선하게만 살라고 말하는 도덕은 과연 진짜 해답일까? 왜 인간은 선과 악이라는 이분법적 세계관에 갇혀 있어야 하는 거지? 인성아, 너는 이런 질문을 단 한번도 해본 적이 없지?"

인성이는 니체의 이 말을 듣고 곰곰이 생각해 보았다. 그랬다. 인성이는 이제까지 부모님이나 선생님이 말씀하시는 것이 옳다고 생각했다. 착한 일을 하는 것이 맞고, 나쁜 일을 하면 안 되는 것이었다. 인성이는 심각한 표정으로 니체에게 되물었다.

"아저씨, 니체 아저씨. 그럼 아저씨는 그게 틀렸다는 건가요?"

니체가 빠르게 대답했다.

"그래, 지금 우리가 살아가는 세상은 인간들이 그 도덕의 틀을 만들었지. 절대적인 기준 따위는 원래 없었지. 그냥 다 사람이 만든 거야. 신의 존재마저도 사람이 지어낸 이야기에 지나지 않아. 이 세상이 선과 악이라는 딱 두 가지 영역으로 나뉜다는 게 이상하지 않니? 그렇게 이 세상이 단순한가? 그리 인간이 단순한 존재인가? 그리고 사람들은 이솝우화의 '신포도'에 나오는 여우와 같은 존재들이지. 자신들이 열등해서 높이 달린 포도가 잡히지 않으니까 종교며, 도덕을 만들어내서 자신들의 무능함을 '덕'으로 포장하는 거지. 그리고 강하고 능력 있는 사람들의 가치를 시다고, 못 먹는 포도로 평가절하를 하지. 그런데 참 어리둥절한 건 이런 약한 자들의 자기 위안적 논리가 이 세상을 지배하고 있다는 거야."

여기까지 듣자, 인성이는 다시 가슴이 두근대기 시작했다. 이번엔 너무 놀라서 심장이 쿵쾅거리면서 뛰었다.

"지금 니체 아저씨가 말씀해주시는 건 이제까지 제가 부모님과 선생님들에게서 들었던 이야기와 너무 다른데요. 정말 모든 것들을 거꾸로 말해주는 것 같아요. 아저씨 이야기로는 약자들이 도덕을 빙자해서 자신의 무능함을 감추고 속인다는 거잖아요. 그리고 강자들을 종교와 도덕으로 탄압하는 거라는 말씀이군요. 너무 당황스럽네요."

니체는 인성이에게 말했다.

"그러니까 내가 처음부터 너보고 마음을 단단히 먹으라고 하지 않았니. 아직도 마음의 준비가 덜 되었나 보구나. 그럼 이렇게 생각하렴. 내 말이 맞다고 받아들이지 말고, 그냥 이런 생각을 하는 사람도 있네, 이 정도로 듣고 있으렴. 그럼 마음이 훨씬 편안해질 거야."

인성이는 니체가 말한 대로 그냥 한쪽 귀로 듣고, 다른 쪽 귀로 흘려보낼 작정이었다. 니체 말을 듣자니, 마치 지진이 난 것처럼 생각이 흔들렸기 때문이다. 니체는 이런 인성이를 별로 신경 쓰지 않은 채 계속 말을 이어갔다.

"나는 많은 책들을 썼는데, 그중에서 『인간적인 너무나 인간적인』이란 책에서 이렇게 말했지. 내가 살았던 그 당시의 독일에선 게르만 민족의 우수성에 대해 너무나 강요를 하던 시대였지. 나는 독일인이었지만, 그런 생각들을 너무 혐오스러워했어. 그래서 반어법으로 '인간적인 너무나 인간적인' 표현으로 독일 사람들의 자기도취적 사상을 비웃었지. 모두가 들쥐 떼처럼 몰려갈 때, 누군가 나서서 '아니야!'라고 외쳐줄 수 있는 사람이 항상 필요하지. 그건 초인만이 가능한 거야. 자기 자신을 극복하지 못한 사람은 모두가 예스라고 할 때, 노(NO)라고 말할 수 있는 용기는 없는 거야. 나는 기독교에 대해서도 '노'라고 말했지. 그 당시에는 정말 엄청난 용기였어. 사람들은 삶에 대한 반대 개념으로 신(하나님)을 발명하여, 삶의 본능과 기쁨, 생기를 억압하고 있다고 말하는 건 정말 미치광이 취급을 받는 일이었지. 또한 이 세상의 가치를 떨어뜨리기 위해 저 세상을 발명해 천국을 말하면서 혹세무민하는 걸 지적하는 건 매장당하기 딱 좋은 행동이었어. 게다가 목사 아들인 내가 그렇게 했다는 게 트로이의 목마인 셈이었지. 원래 그 세계를 잘 아는 사람이 가장 신랄하게 비판을 할 수 있는 법이니까."

인성이는 머리가 혼란스러워졌다. 이 아저씨가 정말 미친 건 아닐까 하는 생각이 들었다. 물론 기독교인은 아니었지만, 인성이는 이제까지 알고 있던 사실과 너무 다른 이야기에 다시 트램플린에 올라탄 것처럼 어지러웠다.

"아저씨, 니체 아저씨. 그럼 아저씨는 직업이 뭐였어요? 아버지처럼 목사는 아니었겠죠?"

니체가 고개를 심하게 가로저었다.

"당연하지. 나는 바젤 대학에서 학생들을 가르쳤지. 아주 젊은 나이, 그러니까 24살부터 대학 교수가 되었어. 후세 사람들은 나를 보고 생철학자이면서 실존철학의 선구자라고 평가하지. 난 낡은 도덕 대신에 새로운 도덕을, 초인의 도덕을 세워야 한다고 주장했지. 있지도 않은 저세상 대신에 이 세상에서의 현실적인 도덕을 새롭게 세울 것을 강력하게 말했지. 하지만 내가 체계적으로 그런 이론을 말한 게 아니라서 다른 철학자처럼 제자를 기르거나 내 학파를 만들진 못했어. 그러나 19세기와 20세기의 작가들 중에 내 영향을 받지 않은 사람들은 거의 없었지. 그만큼 난 이제까지의 가치들을 다 뒤집어엎는 이야기들을 한 셈이었어. 사실 나보다 앞선 사람 중에 포이어바흐라는 철학자가 있었는데, 나보다 먼저 이렇게 말했어. '신이 인간을 창조한 것이 아니라, 인간이 신을 창조했다'고 말이지. 또한 인간에게 신은 인간 자신이 되어야 한다고 말했어. 그는 자신의 저서인 『기독교의 본질』에서 인간이 자신의 가장 장점만을 뽑아서 신의 모습을 만들었다고 말했지. 즉, 인간의 이데아를 투영시켜서 만든 신의 존재가 결국은 현실의 인간을 비참하게 만들었다는 거지. 그의 말에 따르면, 인간은 신에게서 벗어나 스스로가 신이 될 때 행복하고, 인간의 도덕을 창조해야 한다고 주장했지. 그는 철저한 유물론자였어."

니체의 이야기를 한참 동안 듣고 있다가, 인성이는 교회를 아주 열심히 다니던 친구를 떠올렸다. 그 애가 지금 이 이야기를 듣는 다면 까무러칠 지경일 것이다. 그 아이는 하나님이 천지를 창조한 걸 아주 당연한 사실로 알고 있었고, 그 사실을 진리로 받아들였 던 것이다. 만일 그 아이에게 '인간이 신을 창조했다'고 하면 '미친 놈'이라고 하겠지. 인성이는 니체에게 말했다.

"니체 아저씨, 기독교인들이 정말 아저씨의 말을 듣는다면 모두 들 까무러칠 것 같군요. 아마 상대도 안 할 것 같네요. 제가 기독교 인이 아닌 걸 다행으로 생각하세요."

_ 생각 서랍을 만드는 방법

니체는 인성이의 이 말에 정색을 하고 말했다.

"인성아, 잘 들어봐. 이건 기독교라는 종교의 문제가 아냐. 서양 철학의 오랜 역사 동안 되풀이해오던 철학적 양대 주제에 대한 논 쟁의 문제라고 할 수 있지. 이성이냐, 감성이냐. 혹은 정신이냐, 물 질이냐. 때로는 신이냐 인간이냐. 사실 서양 철학사에는 수많은 철 학자들이 있었지. 그 사상이 가지를 치고, 또 쳐서 언뜻 보면 굉장 히 어려워 보여. 그렇지만 서양 철학의 이 두 가지 논쟁, 즉 은유적 으로 말해서 양대 산맥만 알고 있어도 훨씬 간단해지지. 이건 말 이야. 자신의 머릿속에 '생각 서랍'을 만드는 방법일 수도 있어. 잘 들어야 해. 지금 나는 아주 중요한 이야기를 하고 있거든. 인성아, '이성(理性)'이라는 말의 뜻은 국어사전에선 우선 '개념적으로 사유하는 능력을 감각적 능력에 상대하여 이르는 말'이라고 정의를 내려놓고 있지. 또 '인간을 다른 동물과 구별시켜 주는 인간의 본질적 특성이다'라는 설명도 덧붙여 놓았지. 그런데 이건 이성의 첫 번째 사전적 의미이고, 그 다음에 철학적으로 어떻게 쓰이는지 한번 살펴보자. 철학에서 이성은 진위(眞僞) 즉 참과 거짓, 진짜와 가짜 그리고 선악(善惡) 즉 착한 것과 악한 것을 구별하여 바르게 판단하는 능력이라고 나오거든. 인성아, 여기까지 어렵냐? 말만 길지, 사실 안 어려워. 잘 따라와 봐. 끝까지 와보면 어렵지 않다는 걸 알게 될 거야. 그런데 근대 철학을 종합시킨 칸트라는 사람은 이 이성이라는 말을 자기 철학에서 또 다른 의미로 사용했거든. '실천 이성'이라는 어떤 특별한 의미로 더 격상시켰는데, 이런 건 너무 어려우니까 아직은 몰라도 돼. 하지만 그중에서 칸트가 이성을 좁은 의미로는 감성과 구별해, 이데아에 관계하는 더 높은 사고 능력이라고 말하기도 했다는 사실만은 기억해 두자. 지금 내가 말하고자 하는 '이성 대 감성'의 한 근거가 되기도 하니까 말이야. 자, 어쨌든 칸트가 나왔으니 잠깐 쉽게 설명하자면 말이야. 아주아주 간단히 말해, 아리스토텔레스가 고대 철학을 종합시켰다고 보면, 칸트는 근대 철학을 종합시킨 철학자라고 보면 되지. 그런데 지금 말하고자 하는 건 자, 생각 서랍을 만드는 방법이야. 이성의 뜻은 그렇다 치고, 정신의 뜻은 사전에서 뭐라고 나올까. 한번 보도록 하자. 정신(精神)은 첫 번째 의미로 육체나 물질에 대립되는 영혼이나 마음을 가리킨다고 하지. 또 그밖에 여러 의미가 있는데 철학에서는 정신을 우주의 근원을 이루는 비물질적 실재라고 하고, 헤겔의 철학에서 또 '절대적 정신'이라는 말이 나오지. 자, 자, 이 뜻은 다 외울 필요는 없고 대략적으로만 알아둬. 내가 지금부터 말하고자 하는 건 이 뜻보다는 생각 서랍을 만드는 방법에 대해서 이야기하려는 거야. 생각 서랍만 자기가 만들 줄 알면, 철학 사상이나 이 세상에 대해 보다 쉽게 이해하는 비법을 가지게 되는 셈이지. '생각의 축지법'을 익힌다고 보면 돼. 인성아, 이제까지 설명은 다 잊어도 돼. 이것만 기억해 둬. '이성'이라는 말과 '정신'이라는 말은 엄밀한 의미에선 다르지만, 이 단어들을 같은 색깔로 보는 거야. 애들을 너의 같은 생각 서랍에 넣어둬. 너, 빨래 정리해 봤지? 엄마를 도운 적이 있는 착한 아이라면 있겠지. 아니면 너의 서랍 정리라도 해봤으면 알 거야. 서랍을 정리할 때는 옷이든 사물이든 비슷한 성격끼리 모아서 넣어두잖아. 생각도 그런 거야. 생각 서랍도 비슷한 색깔을 가진 것들을 모아둬. 서양 철학도 그럼 아주 이해하기 쉽지. 그런데 색깔이 뭐가 같은지 모르겠다고? 걱정할 것 없어. 몇 개 안 돼. 자, 잘 봐. '정신-이성-신', 이것들이 같은 색깔이야. '물질-감성-인간', 이것들이 또 같은 색깔이고. 이것만 알면 서양 철학은 다 정리가 되는 거지."

너무너무 길게 말하는 니체의 말이 그제야 겨우 끝나자, 인성이가 대답했다.

"오! 굉장히 놀라운데요. 어떻게 그 정도만 알아도 서양 철학이 단번에 정리가 되나요? 진짜 충격적인데요. 이건 정말 서양 철학이라는 대단히 크고 단단한 성으로 들어가는 문의 열쇠를 가졌다고 할 수 있겠네요."

니체가 의기양양해하면서 말했다.

"그래, 간단한 거야. 물론 이 원리를 깨닫기 위해선 서양 철학사 공부를 열심히 한 덕이지만, 그래도 이런 열쇠를 만들어내서 다른 많은 사람들이 서양 철학이라는 성의 문을 쉽사리 드나들 수 있으면 좋은 거지. 어렵고 이해하기 힘들다는 선입견만 가지면 문은 열리지 않지. '열려라, 참깨!'라는 주문을 알고 있으면 문은 쉽게 열려. 이 생각 서랍이 곧 '열려라, 참깨!'라는 주문이야. 혹시 더 구체적이고 복잡한 철학을 알고 싶어서 더 깊이 들어가더라도, 이 주문만 알고 있으면 파악하기 쉽지. 서양 철학의 나침반과도 같은 역할을 한다고 보면 돼. 이 나침반만 잘 갖고 있으면 어려워 보이기만 하는 서양 철학사라는 거대한 산의 등반에도 지치지 않고 쉽게 정상에 오를 수 있지."

여기까지 듣고는 인성이가 하품을 했다.

"그런데 아저씨, 니체 아저씨. 이건 진짜 아저씨 이야기인가요? 정말 아저씨가 예전에 했던 말을 들려주세요. 생각 서랍은 유용한 비법이지만, 그건 니체 아저씨나 플라톤 아저씨나 아리스토텔레스 아저씨의 철학에 쉽게 다가가는 비밀 통로 같은 거고, 니체 아저씨가 진짜로 말했던 이야기를 알려주세요."

니체는 이 말을 듣자, 멋쩍어하면서 다시 입을 열었다.

"인성이 네 말을 들으니까 이 말을 꼭 해주고 싶네. 여기 이 공간이 어딘 줄 넌 짐작이 되니? 네가 나와 말하는 여기 말이지. 앞서 네가 문을 열고 만났던 사람들. 여긴 처음에 네가 만났던 장자의 꿈속과도 같을 수 있어. 장자가 나비인지, 나비가 장자인지 알 수 없던 꿈속 말이야. 만일 지금 이 순간이 인성이 네가 꿈을 꾸고 있다면, 나 역시도 너 자신일 수 있지. 아니면 내가 너의 꿈을 꾸고 있다면, 네가 나일 수도 있고. 꿈은 무의식 속에서 자신이 여러 인물로 분장하여 나오는 연극과도 같아. 자기 자신이 여러 역할을 맡은 거지. 가면을 쓰고 다른 사람의 역할을 하는 거야. 간단히 말해서, 꿈이란 혼자서 여러 역할을 연기하는 무대에 오른 거지. 무의식의 무대 말이야. 지금 이게 너의 꿈이라면 인성이 너도 너 자신이고, 나 니체도 너 자신이고, 네가 두 인물을 함께 연기하는 거지. 꿈이라면 말이야."

이 말을 듣고 인성이가 깜짝 놀라면서 소리쳤다.

"아, 니체 아저씨. 그럼 이게 모두 꿈이란 말인가요?"

니체가 진정하라는 손짓을 하면서 인성이에게 말했다.

"인성아, 흥분을 가라앉히고 내 말을 들어 봐. 네가 좀 더 쉽게 이해할 수 있도록 예를 들어서 말한 것뿐이야."

인성이는 이 말을 듣자, 더 헷갈리기 시작했다.

'정말 니체 아저씨는 내 꿈에 나오는 사람일까. 지금 나는 꿈을 꾸고 있는 걸까. 아니면 도대체 여긴 어디란 말인가. 그러나 꿈이라고 하기엔 너무 길고, 또 내가 모르는 이야기를 너무 많이 들었는데, 이걸 모두 나의 무의식이 알고 있었다고 하기엔 너무 새로운 것들이 아닌가. 나는 이제 겨우 중1인데 어떻게 이 많은 걸 알 수 있을까.'

이런 생각을 하면서 인성이는 니체가 예로 들었을 뿐이라는 말에 더 무게를 두기로 했다. 일단 니체의 말을 좀 더 들어보기로 했다.

_ 디오니소스를 불러오다

니체는 차 한 모금을 더 마시더니, 또 입을 열었다. 이번엔 얼마나 길게 말할지, 인성이는 마음의 준비를 단단히 했다. 인성이는 니체가 자신만의 세계에 빠져 있는 것처럼 보였다. 하지만 니체의 말은 그 어디서도 들어본 적이 없는 흥미로운 이야기이긴 했다. 좀 길긴 길었지만, 그렇다고 귀를 기울이지 않을 수 없었다. 이런 기회가 다시는 또 없을 것 같았기 때문이다.

"사람들은 나를 떠올리면 다들 '신은 죽었다!' 이 한 마디를 생각하지. 하긴 내가 말했던 이 말 한 마디 속에 모든 의미가 포함되어 있다고 볼 수도 있지만 말이야. 아까 내가 인성이 너에게 말해준 이야기 있지? 서양 철학사가 '형이상학늑정신늑이성늑신'이라는 한 산맥이 계속해왔다고. 거기에 내가 아주 극렬하게 반항한 사람이야. 내가 아주 단적인 비유의 말로 이 산맥에 망치를 들이댄 것이, 바로 '신은 죽었다!'라는 철학적 선언이었지. 그리고 동시에 이 말은 인간을 창조적 존재로 긍정하는 선언이기도 했지. 나는 전통적 서양 철학 사상의 주류인 형이상학의 종언을 선포한 셈이었어. 아리스토텔레스도 미적거리면서 플라톤에 대항하려 했지만, 완전히 못 벗어났는데 난 '형이상학늑정신늑이성늑신'의 산맥이 아니라, 감성적 산맥 쪽으로 완전히 갈아탔지. 서양에서 성경 다음으로 많이 읽힌다는 나의 저서, 『차라투스트라는 이렇게 말했다』에서 난 말했던 거야. 신이 놓여 있던 자리에 인간을 세우라고. 우리 인간은 관념 속에만 존재하는 신의 존재에 매여, 생의 에너지를 낭비하면 안 된다는 뜻이었지. 그래서 난 '그리스 신화'에 나오는 디오니소스를 불러냈어. 나만의 의미로 그를 명명했지. 디오니소스는 그리스 신화에선 술의 신, 더 엄밀히 말해 포도나무와 포도주의 신이라고 알려져 있어. 또 풍요의 신이며 축제의 신이지. 카드모스와 하르모니아 여신의 딸 세멜레와 제우스의 아들이기도 해. 그리고 로마 신화에선 바카스, 또는 바쿠스(Bacchus)라고 불리기도 하지. 그런데 그는 나에게로 와서 새로운 신이 된 것이지. 『차라투스트라는 이렇게 말했다』에서 그를 불러내 형이상학적 신, 정신의 신을 몰아내고 나는 그 자리에 디오니소스를 앉혔지. 디오니소스는 창조성의 상징이야. 변화하고 생성하고 소멸하는 영원회귀 속에서 디오니소스는 그 자체를 그대로 인정하고 긍정적으로 받아들이면서, 스스로를 극복해나가는 인간을 의미하는 거야. 나는 그렇게 디오니소스를 내 철학 안에 우뚝 세운 건지. 나의 스승은 디오니소스인 셈이야."

이 이야기를 듣고 있던 인성이는 니체에게 되물었다.

"그럼 디오니소스가 다시 신의 자리를 채운 건가요? 그럼 니체 아저씨도 여전히 형이상학적 세계에 머무는 것은 아닌가요?"

니체는 인성이의 이 질문에 잠시 멈칫했다.

"인성아, 그래 잘 질문했어. 후세 사람들도 그 점에 대해서 나를 자꾸 오해하곤 하지. 잘 들어 봐. 간단히 말해, 나는 디오니소스를 초인의 상징적 의미로 세웠다고 보면 돼. 초인은 스스로를 극복하는 자이지. 나는 『차라투스트라는 이렇게 말했다』에서 생(生)은 원의 형상을 띠면서 영원히 반복되는 것이라고 이야기했지. 우리 인간이 죽고 나면 기독교에서 말하는 것처럼 천국에 가는 것도 아니고, 불교에서 말하는 것처럼 환생하여 다음 세상에서 새로운 생활로 들어가는 것도 아니라는 말씀이지. 그저 항상 동일한 것이 되풀이된다고 생각해. 또한 나는 인간의 삶에서 일어나는 고통과 기

쁨과 즐거움을 그대로 받아들여야 한다고 생각해. 기쁨과 즐거움만을 추구하는 것도 아니고, 또 인생에 그런 것만 존재할 수도 없는 거지. 존재하지도 않는 신에게 매달려 고난을 없애주고 기쁨만 달라고 찌질하게 구걸하지 말고, 쿨하게 그냥 모두 받아들이자는 거지. 즉 있는 그대로 인간의 운명을 받아들이자는 거야. 고난이 오면 고난 그대로, 즐거움이 오면 즐거움 그대로. 기독교에서처럼 고통이나 고난을 아름답게 꾸미지도 말고, 그냥 솔직하게 인정하고 받아들이자는 거야. 그리고 그 순간만을 충실하게 생활하는 것만이 우리 인생을 구원할 수 있다는 것이지. 그 길만이 인간에게 자유와 구원을 줄 수 있는 거야. 인간의 관념 속에만 존재하는 신이 아니라, 인간 스스로가 고통과 즐거움을 있는 그대로 받아들이면서 즐기면 되는 거야."

니체는 목에 핏대를 세워가면서 큰 목소리로 이야기했다. 인성이는 이렇게 흥분하는 니체의 모습에 살짝 놀랐다. 그리고 궁금한 것을 참지 못하고 또다시 질문했다.

"그런데 니체 아저씨. 영원회귀는 아저씨가 처음 생각해낸 건가요?"

니체는 단호하게 고개를 가로저었다.

"아니, 그렇진 않아. 고대 그리스의 에피쿠로스학파나 스토아학파 등에서도 이 말을 사용했지. 영겁회귀라고도 해. 그런데 나는 새로운 것을 만들어내는 발전의 사상에 이 영원회귀 사상을 대립

된 개념으로 사용한 것이야. 그래서 이 영원회귀는 나의 철학 세계에서 아주 중요한 의미로 자리 잡은 거지. 프랑스의 소설가이자 극작가인 알베르 카뮈라는 실존주의 작가가 내 영향을 많이 받았어. 그가 썼던 소설인 『이방인』이나 『시지포스의 신화』를 보면 실존주의 사상이 많이 나오는데 말이지. 특히 『시지포스의 신화』를 보면, 그리스 신화에 나오는 시지포스의 이야기를 모티프로 삼았지. 이건 나의 영원회귀 사상과 초인 사상을 빗대어 생각해 볼 수 있어."

인성이가 물었다.

"시지포스는 또 누구인가요?"

니체가 대답했다.

"시지포스는 그리스 신화에 나오는 코린토스의 왕이야. 지혜가 많기로 유명했는데, 제우스의 분노를 사게 되었지. 그래서 저승에 가게 되었는데, 저승의 신인 하데스를 속이고 자신의 운명보다 더 오래오래 살게 된 거야. 하지만 세상 모든 일이 그렇듯 모두 다 대가가 있는 법이지. 그 벌로 나중에 저승에서 무거운 바위를 산 정상으로 밀어 올리는 영원한 형벌에 처해졌다고 해. 이 이야기를 가지고 카뮈가 자신의 글로 다시 해석했는데, 나의 영향을 많이 받았지. 즉 시지포스가 받았던 형벌인, 영원히 산꼭대기로 계속 돌을 굴려 올렸다가 내리는 것은 인간의 삶의 모습과 닮아 있다는 것이야. 그건 곧 나의 영원회귀 사상을 비유한 셈이지. 동일한 것의 영원한 반복. 그러나 시지포스는 좌절하지 않고 그 형벌을 달게 받아들이지. 역시나 내가 말한 초인의 모습이지. 고통도, 즐거움도 모두 있는 그대로 받아들이고 극복하는 초인 말이야. 인성아, 이제 좀 내 이야기가 쉽게 들리니?"

인성이는 복잡해진 머릿속이 좀 정리가 되는 듯한 찰나에, 이 질문을 받자 활짝 웃었다.

"니체 아저씨가 처음에 말했을 때는 사실 영원회귀나 초인 사상이 참 어렵게 들렸는데요. 시지포스의 신화 이야기를 듣고 나니 뭔가 확실하게 다가오는 것 같아요. 이젠 무슨 뜻인지 알 것 같아요. 그런데 아까부터 몹시 궁금한 게 있었는데, 물어봐도 되는지 망설여졌지만 질문할게요. 있는 그대로 모든 걸 받아들이는 니체 아저씨이니까, 좀 언짢은 질문이라도 잘 이해해주실 거라고 생각해요."

니체가 얼마든지 해보라는 손짓을 했다. 인성이는 용기를 내서 다시 물었다.

"니체 아저씨, 아저씨를 보고 광인이라고들 하던데, 어쩌다가 그런 이야기를 듣게 된 건가요? 정말 미친 건가요?"

니체는 고개를 잠깐 숙이더니 이렇게 대답했다.

"아, 그 이야기구나. 사실 내 사상이 그 당시 사람들에겐 쉽게 받아들여지기 힘들었겠지. 형이상학적 신을 절대적으로 믿고 있는 분위기에서 '신은 죽었다!'고 외치는 날 보고, 다들 미쳤다고 하고 싶었겠지. 그런데 말이야. 어떤 사람들은 나를 천재의 광기로 연결시키곤 하는데, 내가 어릴 때부터 잔병치레도 많았고, 군 복무 중에 말에서 떨어져 다친 후유증과 또 다른 이유 때문에 정신병을 얻었다고 하지. 어쨌든 나는 내 생애 마지막 10년 동안 정신병원에서 지냈던 건 사실이야. 그래서 내가 그 기간 동안 정신 발작을 일으키면서 10년 동안 정신이 망가졌지만, 그렇다고 그 전에 내가 썼던 책들에서 말했던 내 철학 사상까지 미쳤다고 보면 곤란하지. 병이 심해지기 전에 내가 이뤄놓았던 철학적 업적은 제대로 된 평가를 받아야지. 내가 '신은 죽었다!'를 선언한 이후 신 같은 형이상학적 세계에만 매여 있던 서양 철학이 근대성을 극복하고 현대 철학의 문을 열었던 건 정말 대단한 일이지. 그래서 나에게 붙여진 '망치를 든 철학자' 같은 별명이 난 자랑스러워."

인성이는 말년의 니체가 참 안타깝게 느껴졌다. 얼마나 힘들었던 시간이었을까. 그러나 니체는 자신의 초인 사상처럼 그 고난을 그대로 받아들였던 것은 아니었을까. 짠한 마음을 뒤로 한 채, 인성이는 어느 덧 니체와 이별해야 하는 순간이 다가왔다는 것을 깨달았다. 이제 스스로 그때를 결정할 수 있는 판단을 한다는 게 놀라웠다. 니체도 이렇게 말했다.

"인성아, 이제 우리가 헤어져야 할 때인 것 같구나. 나의 말년에 대해선 너무 마음 쓰지 않아도 돼. 인간은 누구나 크든 작든 불행한 일을 맞이하지. 반대로 즐거운 일들도 삶의 한 부분을 채우고.

그것에 집착해서 너무 마음을 쓰는 게 곧 자신을 틀 안에 가두는 것이지. 불행한 일을 슬퍼하면서 물리치려고만 하지 말고 그냥 받아들여. 떼어낼수록 그 안에 갇히게 되는 아이러니가 생길지도 모르니까. 다가오는 고난이나 행복의 파도타기를 즐겨. 인생은 영원히 되풀이되는 파도타기의 연속이지. 한 가지 파도만 오지를 않아. 고통이란 파도가 올 수도 있고, 기쁨의 파도가 올 수도 있지. 그대로 받아들이고 즐겨야 인간은 자유로워질 수 있는 거야."

인성이는 니체의 이 말에 한 마디 거들었다.

"니체 아저씨, 아저씨의 말을 듣고 있으려니, 카르페 디엠(현재를 즐겨라)이라는 말이 또 생각나는군요. 물론 딱 맞는 말이 아닐 수도 있지만, 더 넓게 생각해 보면 현재의 고통이나 기쁨 그 자체를 즐기라는 말로 들리기도 해요. 정말 삶의 진리란 모두 하나의 길로 모이는 것 같군요."

니체는 고개를 조금 까닥이기만 할뿐, 긍정도 부정도 하지 않았다. 하지만 마지막으로 덧붙였다.

"인성아, 아주 중요한 한 가지를 말해주지 않았는데, 인간에겐 '권력에의 의지'가 있단다. 그것은 생의 에너지일 수도 있지. 내 철학 사상의 대표적인 생각인데, 초인사상과도 쌍둥이처럼 연결돼 있지. 사람들은 내가 인간의 삶이 행복으로만 가득 차 있다고 보지 않고, 고통과 어둠도 있다고 해서 나를 염세주의자나 허무주의자로 보기도 하지만, 그건 아니야. 나는 단지 인간의 삶 그대로를 인정한 채, 초인처럼 스스로를 극복하고 생명의 상승을 지향하자는 것이지. 생명의 에너지의 '강함'을 추구하는 게 권력에의 의지의 근본적 바탕이지. 네가 집으로 돌아가는 길을 찾는 것도 어쩌면 권력에의 의지가 발현된 것일 수도 있어. 생명으로 돌아가는 길을 찾는 것이기도 하니까 말이야. 인성이 네게 집이라는 것은 네가 가장 생기 있게 머무를 수 있는 곳이니까, 비유적으로 말하자면 그렇다는 것이지. 인성이 너의 권력에의 의지를 잘 발현시켜서 부디 집으로 돌아가는 길을 발견할 수 있길 바랄게."

인성이는 니체에게 안녕이라고 말하면서 이별을 고했다. 점점 멀어지는 니체의 모습은 강렬한 불꽃처럼 선명하게 인성이의 마음속에 남았다. 그렇지만 인성이는 이제 다음 문을 열기 위해서 다시 발걸음을 재촉해야만 했다.

THE GATE of DREAM

THE GATE V
헤라-클레이토스

인성이는 이제 다섯 번째 문으로 향했다. 더 이상 낯설지 않았다. 다음 문을 열어야 하는 게 마치 운명인 것처럼 느껴지기까지 했다. 예전에 학교 선생님이 말씀하셨다. 운명은 앞에서 날아오는 돌이라 피할 수 있지만, 숙명은 뒤에서 날아오는 돌이라서 피할 수 없다고.

인성이는 문을 열고 새로운 멘토 같은 사람을 만나는 것이 자신의 의지에 의해 선택하는 것이기에 이것이 운명이라고 생각했다. 지금 이 행위를 멈출 수 있을까. 그렇다. 인성이는 스스로 멈출 수 있는 선택권은 있었다. 하지만 집에 돌아가는 길을 찾겠다는 목표를 세웠기에, 거기 충실하기 위해서 계속 문을 두드리고 있는 것이다. 그래, 이것은 운명이다. 인성이에게는 '운명'이라는 말의 무게감이 다가왔다.

언제 이렇게 '운명'에 대해 깊이 생각해봤을까. 여기에 내던져지지 않았다면 절대로 있을 수 없는 일이었다. 이런 운명 속에 있지 않았다면, 지금쯤 아마 인성이는 텔레비전을 보면서 희희낙락해하고 있을 것이다. 아무런 생각 없이. 자신이 누구인지도, 어디로 가고 있는지도, 어디에서 왔는지도 관심이 없는 채 말이다.

하지만 이제 운명의 주사위는 던져졌다. 지구라는 별의, 그것도 대한민국이라는 곳에 태어났듯이, 또 이렇게 여기에 던져진 것이다. 예전에는 어디에서 왔고, 어디로 가는지는 몰랐지만, 이젠 어디에서 왔고, 자신이 누구인지 계속 생각하고 있고, 어디로 가는지도 알고 있다. 정말 엄청난 차이다.

이런 생각을 하면서 앞으로 한참 걸어왔다고 생각했을 때, 인성이의 눈앞에 드디어 또 문이 보이기 시작했다. 그 문은 이제 '지혜의 문'처럼 느껴졌다. 저 문을 열면 또 누군가가 인성이를 맞이할 테고, 어떤 이야기를 해주겠지. 인성이는 그들이 이젠 스승과도 같다는 생각을 했다. 낯설게 느껴지지 않았다.

인성이는 문 앞에 서서 단호하게 세 번을 두드렸다.

탁, 탁, 탁.

두꺼운 나무의 두께에서 들려오는 둔탁한 음이 나지막이 울려퍼졌다. 인성이는 결국 살짝 긴장을 했다. 즐겁고 기대되는 만남이긴 하지만, 누군가를 그것도 처음 보는 사람을 만난다는 건 언제나 잠시 잠깐은 긴장되는 법이니까.

누군가 걸어 나오고 있었다. 인기척이 점점 가까이 들리더니 문이 끼-익 소리를 내면서 열렸다. 육중한 나무의 마찰음이 고요함을 뚫고 조금 요란한 신음 소리를 냈다.

한 남자가 인성이 앞에 섰다. 표정이 몹시 어두웠다. 인성이는 살짝 겁이 났다.

'모두 웃으면서 맞이해주던 아저씨들과 달리, 이 아저씨는 왜 이렇게 침울한 걸까.'

이런 생각을 하면서 인성이는 먼저 웃으며 인사를 했다.

"안녕하세요, 아저씨? 저는 대한민국에서 온 인성이라고 합니다. 갑자기 이 공간에 던져져 집으로 가는 길을 찾고 있어요. 저는 열 개의 문을 열어야 그 답을 얻을 수 있다네요. 이제까지 장자 아저씨와 노자 아저씨, 그리고 플라톤과 니체 아저씨를 만났어요. 자, 이제 아저씨가 누군지 제게 알려주세요."

인성이의 이 말을 듣고, 남자는 자신을 소개했다.

"나는 헤라클레이토스라고 해. 기원전 535년쯤에 태어났지. 내가 살았던 시대는 너무 멀리 있기에 정확한 연도를 알 수 없어. 대충 그쯤에 태어났던 걸로 알면 될 거야."

이 말을 듣고 인성이가 고개를 갸웃거렸다.

"쯤이요? 음, 자기가 태어난 때도 정확히 모른다는 거군요? 물론 시간이라는 것 역시 사람들이 만들어 놓은 것이니까, 별로 상관이 없는 것일 수도 있겠지만요. 오늘과 내일이라는 구분도 역시 인간이 만든 것이겠죠. 사실 시간은 그저 계속 흘러갈 뿐이고, 그 사이를 나누는 경계는 없으니까요. 우리는 그 사실을 잊어버린 채 그냥 살고 있는 거군요."

인성이는 자신이 이 말을 해놓고도 깜짝 놀랐다. 예전 같으면 이런 말을 할 수 없었을 텐데, 어떻게 이런 철학자 같은 말을 줄줄 하고 있는지 신기했다. 이곳에 와서 시간이 어떻게 흐르고 있는지 잘 몰라서일까. 자신이 느낀 대로 말한 것이지만, 그래도 놀라운 변화였다.

_같은 강물에 두 번 들어가지 못하는 이유

헤라클레이토스는 인성이의 말을 가만히 듣고 있다가, 이렇게 말했다.

"그렇지. 모든 것은 흘러가는 것인데, 시간도 흘러가겠지. 내가 예전에 했던 아주 유명한 말이 있단다. 바로 '만물은 유전한다'는 말이지."

인성이는 '유전'이라는 말이 무엇을 의미하는지 언뜻 다가오지 않았다. 그래서 바로 물어보았다.

"아저씨, 헤라클레이토스 아저씨, 그 '유전'이라는 말이 무슨 뜻이에요? 전 DNA가 유전된다고 생물 시간에 배웠는데, 그 유전은 아니겠죠? 전 그것밖에 아는 게 없는 걸요. 도대체 무슨 말인가요?"

웃고 있지는 않았지만, 헤라클레이토스는 친절하게 설명해주었다.

"인성아, 그건 말이야. 유전(流轉)이라는 건, 흐른다는 뜻이야. 끊임없이 변하고 움직인다는 말이지. 이 세상 모든 것은 고정되거나 정지되어 있는 것이 아니라, 끊임없이 변화한다는 것이야. 그런데 나와 또 다르게 생각하는 사람도 있었지. 즉 세상은 고정불변한다는 것이지. 변화하지 않는다는 거야. 원래 이렇게 생각하는 사람이 있으면, 저렇게 생각하는 사람도 있는 법이지. 모두가 다 똑같은 생각을 할 수는 없는 거니까. 인성아, 너는 어떻게 생각해? 어느 쪽이야?"

여기까지 듣고 있던 인성이는 머리가 복잡해졌다. 이렇게 보자마자, 어려운 질문을 던지니까 당황스럽기까지 했다. 하지만 앞에서 여러 질문을 하기도 하고 받기도 했기에 생각을 해보려고 애썼다. 아직 정리가 안 된 상태이지만, 인성이는 횡설수설 일단 시작해보기로 했다.

"헤라클레이토스 아저씨, 제가 거기에 대해서 깊이 생각해보지는 않았어요. 그러니까 지금 이 질문을 받고 금방 생각을 해본 거니까 생각이 정리는 잘 되지 않은 상태에요. 하지만 한번 답해볼

게요. 제가 생각할 때 물이라는 것도 변하지 않을까요. 물은 액체 상태로 있다가 또 다시 고체 상태인 얼음이 되었다가 때로는 수증기인 기체 상태로 변화하잖아요. 그래서 모든 게 변화한다는 생각이 맞는 것 같아요. 또 영원히 변하지 않는다는 금이나 다이아몬드도 결국 원래 처음부터 금이나 다이아몬드는 아니었지 않나요. 광물이 오랜 시간 동안 변화해서 그렇게 된 것이니, 모든 건 변한다는 게 맞을 것 같아요."

이 말을 듣자, 그제야 헤라클레이토스는 보일 듯 말듯 살짝 미소를 머금었다. 인성이는 만나고 처음으로 밝아진 그의 얼굴을 보자, 마음이 놓였다. 헤라클레이토스는 계속 말을 이었다.

"자, 인성아. 아주 중요한 이야기를 내가 해줄게. 이 이야기는 정말 잘 들어봐. 내가 한 말 중에 대단히 유명한 말이 있지. 바로 '우리는 같은 강에 두 번 들어갈 수 없다'는 말이지. 무슨 뜻이냐 하면, 우리가 늘 보던 강이지만, 그 강은 순간순간 흘러가고 있기 때문에 우리가 똑같아 보이는 강에 들어간다 하더라도 조금 전의 강과 조금 후의 강은 전혀 똑같지가 않다는 거지. 그리고 그 사이에 우리 자신도 조금은 변해 있다는 거야. 아까의 너와 지금 너는 분명히 변해 있는 거야. 네 머리카락도 분명히 아주 조금이지만 자라 있을 테고, 네 손톱도 아주 미세하게 자라 있겠지. 네 몸에 있는 각질도 아주아주 조금씩 늘어나 있겠지. 어쨌든 넌 시시각각 변해 있는 거지. 똑같지가 않아. 그래서 우리는 같은 강에 두 번 들어갈 수 없는 거야. 강도 달라져 있고, 우리 자신도 달라져 있기 때문이지."

인성이는 이 말을 듣자, 머리가 뱅뱅 돌아가기 시작했다. 알 듯하다가도, 모를 것도 같았다. 인성이는 지금 자신이 겉으로 보기에는 같지만, 결국 똑같지는 않다는 걸 인정할 수밖에 없었다. 분명 외적으로도 아주 조금이겠지만, 머리도 자랐을 거고 피부도 숨을 더 많이 쉬었을 테고, 아까 조금 전에 자신의 몸속에 흐르던 혈액들도 같은 자리에 있지는 않을 테니까 말이다. 아주 조금이지만다들 약간씩이라도 흐르고 있고 변화하고 있다는 게 맞는 말 같았다.

이때 헤라클레이토스가 이렇게 말했다.

"그런데 말이야. 나는 이렇게 만물이 변하는 모습을 '불'로 상징해서 말했지. 이렇게 모든 것이 변화하는 모습이 마치 불이 타오르는 것 같지 않니? 불은 가만히 있지를 못하고, 계속 타오르는 모습이 이 법칙을 표현해주는 것 같잖아. 그래서 나는 이 세상 만물이 마치 불처럼 가만있지 않고 끊임없이 변화한다고 생각했어. 그밖에도 내가 많은 말들을 했지만, 더 이상은 이야기하지 않을게. 너도 갑자기 너무 많은 것들을 들으면 체할 테니까. 그리고 가장 근본적인 원리만 알면 되는 거지. 핵심이 항상 중요한 거잖아."

인성이도 고개를 까딱거렸다. 그 말이 맞는 것 같았다. 지금 다 이야기해준다고 하더라도 이해를 다할 수 있는 것도 아니니까. 또

한 모든 걸 다 머릿속에 담아 놓을 자신도 없었다.

인성이는 헤라클레이토스가 말한 '변화'에 대해 생각을 해보았다. 사람의 인생도 결국 태어나 아기에서 어린이가 되고, 그 다음엔 청년이 되고, 또 중년이 되고, 장년이 되고, 늙은이가 되다가 결국 죽음에 이르게 되는 변화를 하는 것이었다. 사람의 삶도 흐르고 있다는 것, 한시도 가만히 있지 않은 채 변하고 있다는 게 실감이 났다. 그렇다면 죽음 다음은 무엇일까를 생각해 보았다.

사람들이 만들어 놓은 달력의 달력의 첫째 날 전에도 시간은 있었을 것이다. 분명히 있었다. 그리고 사람들이 만들어 놓은 달력의 마지막 날 이후에도 분명히 시간은 있을 것이다. 시간은 계속 흐를 것이니까. 그렇다면 사실은 인간이 그저 구분을 지어 놓았을 뿐, 그 이전의 시간과 그 이후의 시간은 분명히 존재한다. 사람이 만들어 놓은 틀 안에 놓여 있지 않다고 해서 시간이 사라지는 건 아니다. 시간은 달력 속에만 갇혀 존재하는 게 아니다. 그냥 흘러갈 뿐이다. 시간은 철길처럼 놓여 있는 게 아니다. 인간이 그렇게 생각하고 지낼 뿐이다.

_ 우리는 어디에서 와서
어디로 가는 걸까

여기까지 생각하자, 인성이는 약간 멍해졌다. 그렇다면 사람이 태어나기 전에도 무언가 있지 않을까. 탄생과 죽음으로 인간의 삶을 구획지어 놓은 건 바로 인간이 아닐까. 그 이전과 이후도 분명히 있어야 하지 않을까. 이런 생각들이 꼬리에 꼬리를 물고 일어났다.

우리는 기록이라는 걸로 먼 과거의 역사를 알지만, 그 이전은 알 수가 없다. 그렇다고 그 시간이 존재하지 않았다고 할 수는 없을 것이다. 인간의 존재도 그런 것은 아닐까. 우리가 알 수 있는 탄생의 순간부터 죽음까지만 들여다볼 수 있다고, 그 기간만큼만 인간의 삶이 지속된다고 단정 짓는 건 섣부른 결론이 아닐까. 예전에 과학 기술이 발달하기 전에는 엄마 뱃속의 아이도 볼 수 없었고, 그 이전의 상태도 알 수 없었다. 하지만 과학이 발달하고부터는 옛날 사람들보다 인간의 시작 지점을 우리는 더 앞당겨 알 수 있다.

마찬가지로 앞으로 죽음 이후의 지점도 과학이 더 발달한다면 알 수 있지 않을까. 인간이 정해 놓은 구획 안에 들어오지 못한다고 해서 그 영역이 없다고 말할 수 있을까.

인성이는 이런저런 생각을 하다가 다시 정신을 차리고 헤라클레이토스를 바라보았다. 그 역시 다른 생각에 빠져 있는 것 같았다. 인성이가 먼저 다시 말을 걸었다.

"아저씨, 헤라클레이토스 아저씨, 무슨 생각 하세요? 저도 지금 어떤 생각을 계속 하고 있었는데요. 이 세상 모든 것이 변화한다는 생각을 하다 보니, 별의별 생각이 다 드네요."

헤라클레이토스도 다시 인성이와의 대화로 정신을 돌리는 듯했다. 마치 그는 안드로메다에라도 가 있는 듯한 표정에서 다시 정색을 하며 물었다.

"무슨 생각을 했는데?"

인성이가 대답했다.

"모든 게 흐르고 있다면 사람은 결국 어디에서 와서 어디로 가는 걸까 하는 문제를 생각하고 있었죠. 계속 흘러가지 않을까 해서요. 이 우주 어딘가로 계속 흐르는 게 아닐까. 사실 죽는 게 끝이 아니고, 그저 우리 눈에만 안 보이는 상태가 되는 게 아닐까 하고요. 마치 물이 액체에서 고체로 변했다가 기체가 되는 것처럼, 사람도 우리 눈에 안 보이는 기체가 되지 않을까 해서요. 그걸 사람들은 죽음이라고 부르는 건 아닐지. 그렇다고 해서 사라지는 건 아니지 않을까요. 여전히 흐르고 있고, 다시 흘러서 우리 눈에 보이는 '탄생'의 순간을 맞이하는 건 아닐지. 헤라클레이토스 아저씨, 이런 생각은 해볼 수 있지 않을까요?"

헤라클레이토스는 인성이의 이 말을 무거운 표정으로 듣고 있더니, 다음과 같이 이야기했다.

"글쎄다, 나는 거기까진 생각을 안 해봤거든. 내 이론에 따르면, 만물은 흐르고 있는 거니까, 사람도 역시 흐르지 않을까 싶거든. 사람도 계속 변하는 존재일 뿐이니까. 그런데 나중에 아리스토텔레스는 나의 사상을 반박했지."

이 말을 듣자, 인성이는 아는 이름이 나와서 반가웠다.

"아, 아리스토텔레스 아저씨요? 아까 플라톤 아저씨에게서 이야기 들었어요. 아리스토텔레스 아저씨가 플라톤 아저씨의 제자였다구요. 플라톤 아저씨가 세웠던 학교인 아카데미아에 다녔던 아주 훌륭한 애제자였다는 말을 들었죠. 그 아저씨가 왜요? 왜 헤라클레이토스 아저씨 생각에 반대했다는 거죠?"

여전히 어두운 표정을 완전히 걷어내지 못한 헤라클레이토스가 대답했다.

"자, 이야기해줄게. 들어봐. 아리스토텔레스는 나보다 한참 후의 사람이지. 기원전 384년에 태어났으니까."

인성이는 암산을 해보았다.

'535에서 384를 빼면 얼마냐. 151이네.'

이렇게 속으로 뺄셈을 하고 나서 인성이가 소리를 쳤다.

"우와, 150년 정도 차이가 나네요. 그 정도로 늦게 태어난 사람이군요. 그런데 그 아리스토텔레스 아저씨가 무슨 반대를 했다는 거죠?"

아리스토텔레스가 즉시 대답을 했다.

"인성아, 내가 모든 것은 흐르고 변화한다는 말을 했잖아. 그러니까 아리스토텔레스는 만일 모든 게 다 흐르고 있다면 학문도 진리도 있을 수 없다는 거야. 뭔가 영원한 게 없다면 진리 자체가 존재할 수 없다는 거지."

헤라클레이토스가 말을 마치자, 이걸 듣고 있던 인성이가 바로 말했다.

"또 그 말을 들으니, 그 말도 맞는 것 같네요. 아리스토텔레스 아저씨 말도 일리가 있어요. 학문이나 진리라는 것은 뭔가 고정된 것에서 출발하지 않나요. 만날 바뀌기만 하면 어떻게 학문이나 진리를 우리가 찾을 수 있을까요? 진리는 변하지 않는 것이 진리인데, 모든 게 변화하면 이 세상엔 진리라는 게 있을 수 없겠네요. 그리고 학문도 중심이 없어서 똑바로 서 있지도 못하겠는 걸요. 늘 바뀌니까 말이죠. 아, 모르겠어요. 이 말을 들으면 이 말이 맞는 것 같고, 저 말을 들으면 저 말이 맞는 것 같고. 왜 이렇게 어려운 거죠? 도대체 뭐가 맞는 건가요? 전 잘 모르겠네요."

_ 헤라클레이토스의 반전과 생각 서랍

"그런데 말이야. 내가 네게 말해주지 않은 게 한 가지 있는데, 나는 모든 게 흐르지만, 단 하나 변하지 않는 게 있다고 말했어."

이 말을 듣자, 인성이는 두 눈을 놀란 토끼처럼 동그랗게 떴다.

"그게 뭔데요? 아, 그 중요한 이야기를 왜 이제 하세요?"

헤라클레이토스가 말했다.

"아까 네가 머리가 복잡한 것 같아 더 이야기해주면 이해를 못할 것 같아 그랬지. 지금이라도 잘 들어보렴."

인성이는 가슴이 두근두근해졌다. 또 이건 무슨 상황일까. 헤라클레이토스의 생각에 이렇게 반전이 기다리고 있는 건 몰랐던 것이다. 그때 헤라클레이토스가 조근조근 이렇게 말했다.

"모든 것이 변하지만, 그 변한다는 원칙은 변하지 않는다는 사실이야. 이해가 되니? 이 세상이 모든 게 변한다는 그 원칙이 중심에 있기 때문에 우리는 학문이라는 걸 할 수 있는 거지. 또한 모든 것들이 흐르고 있지만, 그것들은 조화를 이루면서 변화하고 있어. 불길이 타오르는 게 서로 경쟁하듯이 세차게 타올랐다가 좀 수그러들었다가 하는 모습이 마치 불이 춤을 추는 것처럼 보이잖아. 그런데 그 춤에는 뭔가 법칙이 보이고 조화를 이루거든. 바로 그것을 나는 로고스라고 불렀지. 로고스란 절대 변하지 않는 것, 즉 법칙이지. 난 변화와 생성이라는 이 세상의 변하지 않는 법칙을 말한 거야. 그래서 아리스토텔레스가 비판한 건 나를 향한 게 사실 아니야. 내 생각을 일부분 잘못 받아들인 내 학파의 다른 사람들이 주장한 것을 반대한 것뿐이지. 나는 분명히 로고스라는 게 있다고 말했어. 영원히 변하지 않는 법칙, 즉 이 세상은 모든 게 변한다는 그 법칙 말이지.”

계속 아무 말 없이 듣고 있던 인성이가 신음소리를 냈다.

“아유, 잘 모르겠어요. 이야기를 더 들으니까 더 모르겠는 걸요. 하지만 아저씨는 왜 한 방향으로 가지 않는지 모르겠군요. 그냥 쿨하게 말하지 그랬어요. ‘모든 것은 변한다’라고 했으면 그냥 그걸로 된 거지, 다시 원점으로 회귀를 하는 것 같군요. 조금 변절자 같기도 하고, 회색주의자 같기도 하고 그러네요. 니체 아저씨는 안 그랬는데. 그 아저씨는 과감하게 그냥 한 가지를 말했어요. 다 변한다고요. 모든 게 다 상대주의라구요. 장자나 노자 아저씨도 그랬는데 말이죠. 장자 아저씨는 ‘학의 다리가 길다고 자르지 마라’라는 말도 하시고요. 다 한 방향으로 갔는데, 헤라클레이토스 아저씨는 자기 모순에 빠진 것 같아요. 다 변한다고 했다가, 또 결국은 그 변하는 게 변하지 않는다는 걸 결론으로 말한 거군요. 좀 실망인 걸요. 타협하는 것처럼 보이니까요.”

인성이가 좀 시무룩한 표정으로 말했다.

“그래, 내가 쿨하지 못했던 건 인정하마. 그런데 말이야, 인성아. 서양 철학사가 항상 그래왔단다. 이성과 감성이라는 두 공으로 묘기를 부리고 있는 셈이지. 어떤 사상가는 '감성'이라는 공으로 놀고, 또 어떤 사상가는 '이성'이라는 공으로 놀고 있는 셈이야. 그러다가 한 가지 공으로만 묘기를 부리기에는 뭔가 또 부족하다 싶으면, 또 다른 공을 끌어들이지. 나 역시도 또 회귀를 한 셈이지. 상대주의, 즉 감성 쪽으로 쭈욱 가다가 다시 변하지 않는 로고스를 끌어들였으니 말이야."

인성이는 '감성'과 '이성'이라는 공놀이를 떠올려 보니, 더 이해가 잘되는 것 같았다. 그런데 상대주의라는 말이 나오자 또 좀 헷갈리기 시작했다. 그래서 헤라클레이토스에게 물었다.

"그런데 감성과 상대주의가 같은 말인가요? 제가 알기로는 다른 말로 알고 있는데요."

헤라클레이토스가 박수를 쳤다.

"바로 그거야, 인성아. '감성'과 '상대주의'는 같은 말은 아니지만, 생각의 서랍에선 같이 넣어두면 이해하기가 아주 쉬워질 거야. 내가 그 서랍을 한번 정리해줄게."

_ 생각의 스타일을 디자인하기

인성이는 양말을 같은 색깔로 정리하듯이 헤라클레이토스가 생각 서랍을 정리해주는 방식을 자세히 바라보았다. 같은 서랍 속에 차곡차곡 생각이 정리되는 걸 보니까, 앞으로 자신도 따라할 수 있을 것 같았다.

"아, 헤라클레이토스 아저씨, 아저씨가 생각 서랍을 정리해주시니까, 완전히 쉬워졌는 걸요. 글자 모양은 다르고 사전에서의 뜻도 다르지만, 제 생각 서랍에선 같은 색깔을 가진 것처럼 보여요. 같은 서랍에 있으니까 묶어서 생각하면 쉬울 것 같아요. 이젠 좀 생각의 흐름이 보이는 것 같아요. 그렇지만 철학자들이 감성과 이성의 공놀이는 이제 좀 그만하시면 안 될까요? 너무 헷갈리고 답답해요. 왜 왔다갔다 갈팡질팡 하는지 모르겠어요. 도대체 답은 뭔가요?"

헤라클레이토스는 다시 진지한 표정이 되어서 인성이를 한참 동안 바라보았다. 그리고 드디어 무겁게 입을 열었다.

"인성아, 생각에서 정답을 자꾸 찾으려고 하지 마. 생각이라는 것은 그 흐름이 있어. 그걸 따라가면 되는 거야. 누가 무슨 말을 했고, 어떤 철학자가 뭘 주장했다는 것을 일일이 모두 외울 필요는 없는 거지. 그리고 철학을 한다는 건, 생각을 한다는 건 말이야. 정답을 알기 위해서 하는 게 아니야. 그리고 무엇이 정답인지 아직도 확실히 말할 수 있는 사람도 없고."

인성이가 물었다.

"그럼 왜 철학을 하는 거죠? 왜 생각을 하는 거죠?"

"우리는 생각을 하면서 변화하는 거야. 생각의 꼬리를 흔들면서 지혜의 바다를 헤엄치는 것이지. 그 과정에서 뭔가를 얻는 거야. 자기 자신에 대해서도 생각하고, 이 우주에 대해서도 생각하고 등등 말이지. '1+1=2'라는 답을 얻기 위해서 우리는 생각을 하는 게 아니야. 정답을 못 찾아도 돼. 그리고 감성 쪽이 맞다, 이성 쪽이 맞다, 이런 건 아니지. 생각 서랍은 모두 다 필요해. 하지만 너도 옷장 서랍에서 항상 네가 좋아하는 쪽의 옷만 꺼내 입잖아. 그렇지 않니. 그러니까 각자 자기가 생각의 꼬리를 흔들면서 헤엄치다가 그 흐름이 더 매력적이라 오래 머물고 싶은 쪽이 있을 거야. 그럼 그 생각 서랍을 자주 열어보게 되는 거지. 그러다가 영영 한쪽만 선호하게 되면 결국은 다른 쪽 서랍은 아예 열어보지도 않고, 결국은 다 갖다버릴 수도 있는 거지. 아니면 이쪽, 저쪽 모두 열어보면서 이것 입었다가, 저것 입었다가 하는 수도 있지. 그게 우리가 생각을 하는 이유야. 옷에도 자기 나름의 개성이 있는 패션 스

타일이 있듯이 생각에도 패션이 있는 거지. 자기만의 생각 패션, 그걸 쉽게 찾아가기 위해서 우리는 생각 서랍을 만들고, 자신의 생각들을 정리하게 되는 거지. 좀 더 어렵게 말하면 가치관이라든가, 세계관이라든가 등등 말이야."

인성이는 여기까지 들으니까, 좀 확실히 알 것 같았다. 머릿속이 잘 정리된 서랍 속처럼 깔끔해진 것을 느꼈다. 인성이가 말했다.

"헤라클레이토스 아저씨, 저도 앞으로 제 생각의 스타일을 한번 디자인해봐야겠어요. 어느 생각 서랍을 더 좋아하게 될지, 어느 서랍의 스타일로 제 생각을 디자인할지 궁금해지네요. 옷을 입는 것처럼 생각 스타일도 나이가 들면서 바뀔 수 있는 거겠죠?"

헤라클레이토스가 크게 고개를 끄덕끄덕했다.

"그럼, 바로 그거야. 사람도 역시 변화하는 거지. 나이가 들면서 생각 스타일도 달라질 수 있는 거야. 그 이유야 다양하겠지. 더 많이 세상을 알아가기 때문에 그럴 수도 있고, 더 많은 사람을 만나서 그럴 수도 있겠고, 더 많은 것들을 경험해서 그럴 수도 있겠지. 혹은 더 많은 책을 읽어서 그럴 수도 있을 거고, 더 많은 영화나 그림들을 봐서 그럴 수도 있을 거야."

인성이가 대답했다.

"그럼 많은 것들을 경험해봐야 되겠군요. 아니면 생각 서랍이 늘 있는 것들로만 차 있을 텐데, 서랍 속이 더 풍성해지려면 더 많은 걸 경험하고 배워야겠군요."

_ 헤라클레이토스의 정체

인성이는 자신의 생각 서랍을 앞으로 더 풍성하게 가득 채워야겠다고 다짐했다. 그러다가 헤라클레이토스의 정체가 궁금해졌다.

'도대체 이 사람의 진짜 모습은 뭘까? 결국 니체 아저씨와 같은 편이 아니라는 건가?'

이런 생각이 드니까, 너무 궁금해져서 결판을 내고 싶었다. 그래서 헤라클레이토스에게 물었다.

"그런데 아저씨. 그럼 아저씨의 정체는 뭐죠? 어느 쪽이세요? 아저씨는 비겁하게 다시 영원불변 쪽으로 돌아선 건가요? 모든 것은 변한다고 큰소리치더니, 왜 마지막에 힘 빠지는 소리를 하는 건가요? 그럼 모든 게 도루묵이 되는 게 아닌가요? 마치 팽팽하던 타이어가 마지막에 바늘 같은 구멍으로 김이 새버리는 느낌이군요. 왜 아저씨는 니체 아저씨처럼 좀 단호하게 단절이 안 되나요? 다시 영원불변 쪽으로 퇴보를 하시는 건지요? 그렇다면 아저씨의 학파였던 사람들이 더 선명하게 한쪽을 택한 거네요. 헤라클레이토스 아저씨, 그렇죠?"

그러자 헤라클레이토스도 또 고개를 까닥까닥했다. 이번엔 완전 긍정은 아닌 것 같았다. 헤라클레이토스가 겨우 대답을 했다.

"그렇지, 뭐. 세상 만사 모두 다 처음 길을 여는 사람이 완전히 다 끝낼 수는 없는 것 아니겠어? 그래도 그나마 내가 상대주의나

모든 것은 변한다는 선언으로 길을 좀 확실히 내주니까 다들 따라
온 것 아니겠어? 그동안 모든 것은 불변한다, 영원불변이라고 주
장하는 사람들의 큰 산맥에 맞서 내가 하나의 산맥을 만든 것만으
로도 내 역할은 다한 것 아니겠니. 원래 처음부터 완전하게 이루
어질 수는 없는 거야. 내가 큰 길을 내어놓으면 미세한 건 나머지
따라오는 사람들이 닦아야지. 너무 완벽하면 따라오는 사람들이
할 일이 없지 않겠어?"

헤라클레이토스의 이 말을 듣고 있으려니 꿈결처럼 아득하게
멀리서 들리는 것 같았다. 정말 헤라클레이토스가 이 말을 하고
있나 싶을 정도로 그의 입술은 움직이지 않고, 마치 인성이의 내
면에서 나오는 메아리처럼 귓가에 들려오는 듯했다.

"아저씨, 헤라클레이토스 아저씨. 아저씨는 입술도 움직이지 않
은 채 이야기를 하시는군요. 제가 잘못 본 건가요? 이번에는 아주
멀리서 들려오는 듯하기도 하고, 혹은 제 안에서 들려오는 것 같
기도 하고 이상한데요."

헤라클레이토스가 말했다.

"누가 말하든 무슨 상관이겠니. 이것 역시 생각이 헤엄을 치는
것이라고 상상하렴. 상상력은 생각의 바다야. 그 바다를 헤엄쳐서
생각의 다양한 물결을 만드는 것이 의미 있는 일이지. 목적지에
도달하기 전까지는 해답이라는 것에 집착하지 마. 상상력의 바다
에선 한곳에 묶이게 되면 영락없이 빠져버리는 거야. 그 순간 스

스로 헤엄치는 건 끝나는 거지. 그럼 그때는 네 의지가 아니라 쓸려가는 거야. 그러다가 결국 고정관념이라는 것에 묶여버리게 되지. 하나의 해답에 집착하면 이젠 스스로 헤엄치는 법을 잊어버리게 되는 거야. 그러니 생각의 바다를 즐기면서 맘껏 헤엄을 치려면 상상력의 더 넓은 바다로 나아가야 해. 멈추지 말고. 인성아, 알겠니? 상상력의 바다를 한번 머릿속에 그려봐. 생각에는 한계가 없어. 네가 떠올리면 되는 거지. 하지만 가만히 있으면 아무것도 없는 거야. 또 무한하지만 네가 유한하게 만들면 네 생각의 세계는 틀 속에 갇히는 셈이지."

인성이는 헤라클레이토스가 말한 대로 생각의 바다를 한없이 넓혀갔다. 정말 생각하는 대로 뻗어갔다.

'아, 이런 거구나!'

인성이는 마치 자신이 생각의 창조주가 된 것처럼 신이 났다. 자신의 생각 세계는 얼마든지 자신이 창조할 수 있다는 걸 새삼 알게 되었다. 이제까지 너무나 자신을 과소평가한 거였다. 눈에 보이는 것만이 다가 아니었던 것이다. 그때 헤라클레이토스가 또 다시 음울한 표정을 지어보이며 말했다.

"인성아, 이제는 우리가 헤어져야 할 시간이구나. 우리가 지금 헤어지지만, 언제나 나를 네 생각의 바다에 담아 두렴. 그리고 네가 원할 때마다 나를 만나러 오렴."

인성이가 놀라서 물었다.

"정말 그럴 수 있나요?"

헤라클레이토스가 대답했다.

"생각하는 대로 되는 게 바로 생각의 법칙이야. 항상 잊지 마. 네 생각의 세계에 한계를 두지 말아야 해. 사람들이 만들어 놓은 시간이나 날짜의 구획처럼 너는 네 생각의 시작과 끝의 한계를 만들지 않아야 맘껏 생각의 바다를 헤엄칠 수가 있어. 아니면 넌 고정관념이라는 좁은 우물 안에 갇혀버릴 거야. 거긴 다른 누구도 들어갈 수 없어. 그래서 나도 다시 못 만나게 될 거야."

인성이는 헤라클레이토스의 어두운 얼굴을 바라보면서 힘차게 대답했다.

"알겠어요. 잊지 않을게요. 우물이 아니라, 꼭 넓은 바다를 가질 게요. 감사해요."

인성이는 헤라클레이토스에게 작별 인사를 하면서 다시 다음 문으로 향했다.

THE GATE of DREAM

THE GATE VI
소크라테스

인성이는 다음 문 앞에 섰다. 이번엔 돌문이었다. 그 돌문 위에는 이렇게 적혀 있었다.

'너 자신을 알라'

인성이는 이 말을 어디서 많이 들어본 것 같았다. 어쨌든 이번 문은 좀 특이하다고 생각했다.

"너 자신을 알라, 너 자신을 알라, 너 자신을 알라……."

인성이는 자꾸 그 말을 되뇌었다. 그러면서 돌문 앞에 서서 문을 두드렸다. 노크하기에는 돌문이 너무 육중해서 사자머리의 장식에 걸린 굵은 쇠고리로 두드렸다.

이윽고 또 누군가가 돌문을 열어 주었다. 인성이는 그 사람을 바라보았다.

그 남자는 인성이를 보자, 자신을 먼저 소개했다.

"안녕, 나는 소크라테스라고 해."

그 말을 듣고, 인성이도 인사를 했다.

"안녕하세요, 저는 인성이라고 합니다. 조인성."

인성이는 '소크라테스'라는 이름이 낯설지 않게 느껴졌다. 곰곰이 생각해 보니, 플라톤 아저씨가 이야기해준 바로 그 스승님이지 않는가.

소크라테스는 인성이에게 말했다.

"너 자신을 알라."

인성이는 돌문에 적혀 있던 그 말을 소크라테스에게 또 들으니, 이젠 친근하게 느껴졌다.

"소크라테스 아저씨, 돌문 위에도 그 말이 새겨져 있던데요. 아저씨가 좋아하는 말인가 보죠?"

소크라테스는 웃었다.

"원래 그리스 신전에 새겨져 있던 말이란다. 나도 물론 이 말을 좋아하고, 자주 사용했지."

인성이가 물었다.

"어떻게 하면 제 자신을 알 수 있을까요?"

소크라테스가 말했다.

"자, 이제부터 그 방법을 내가 알려주마. 나를 따라 오렴."

소크라테스는 어서 안으로 들어오라는 손짓을 인성이에게 했다. 인성이는 소크라테스를 따라 돌문 안으로 들어갔다. 그 안에는 작은 광장처럼 생긴 마당이 펼쳐져 있었다.

"아, 마당이 마치 작은 광장 같군요. 어디서 많이 본 듯한 느낌이 나요."

소크라테스가 또 웃었다.

"이곳은 내가 예전에 오래 머물렀던 그리스의 아테네 광장을 생각하면서 만든 거란다. 난 아테네 광장에서 젊은이들에게 많은 질문을 하며 돌아다녔지."

인성이는 이 말에 한 가지 생각이 떠올랐다.

"아, 소크라테스 아저씨. 선생님에게서 들은 기억이 나는데요. 소크라테스 아저씨가 젊은이들을 현혹한다는 이유로 감옥에 잡혀갔다는 이야기 말이에요. 정말 그랬어요? 도대체 무슨 짓을 한 거죠?"

소크라테스가 이번에도 또 웃었다.

"인성아, 감옥에 잡혀간 건 맞아. 그런데 '악법도 법'이니까 잡혀간 것이지만, 실제로 죄가 없어도 감옥 가는 사람은 그때나 지금이나 더러 있어. 세상의 잣대라는 것은 시대에 따라 바뀌는 것이니까. 그래서 나는 절대적 진리를 찾아 나선 거지. 나와 같은 시대를 살았던 소피스트들은 상대주의적 진리를 주장했지만, 나는 아니었어. 그래서 나는 순순히 감옥에 잡혀 갔지. 그리고 나는 법정에서 당당하게 나의 의견을 진술했어. 그 탓에 나는 사형 선고를

받았지. 그리고 사형이 집행되기까지 한 달여의 시간이 있었지만, 나는 도망치지도 않았어. 만일 마음만 먹었다면 얼마든지 달아날 수도 있었지. 지인들은 나에게 도망을 가라고 돕겠다고 했지만, 나는 그럴 수 없었어. 난 국법을 따르겠다고 하면서 스스로 독배를 마셨지."

인성이가 놀라서 쳐다보았다.

"아, 그랬군요. 정말로 감옥에 잡혀 가셨군요. 제가 들은 이야기로는 감옥에서 돌아가셨다는데, 이곳에서 이렇게 뵙게 되다니 놀랍네요. 참 신기해요. 그럼 소크라테스 아저씨가 있던 그 세상과 지금 이 세상은 다른 차원일까요? 죽음 뒤의 세상이 이렇게 있는 건가요? 그럼 전 지금 천국에 있다는 건가요? 왜 이걸 제가 이제야 깨달은 거죠?"

인성이는 난감한 표정을 지었다. 그렇다. 지금까지 만났던 사람들이 모두 다 이 세상 사람들이 아니지 않는가. 그렇다면 지금 여긴 어디? 그리고 또 나는 누구? 인성이는 혼란스러워졌다. 이런 말을 들으면서, 소크라테스가 또다시 빙그레 미소를 지었다.

"인성아, 지금 이 공간은 저세상일 수도 있고, 꿈속일 수도 있고, 아니면 네 상상의 세계일 수도 있어. 그러나 중요한 건 너와 내가 이렇게 대화를 나눈다는 것이 아니겠니. 그것보다 더 확실한 사실이 지금 어디에 있을까."

인성이는 혼란스러워졌지만, 일단 소크라테스의 말에 집중하기로 했다. 열 개의 문을 다 지나가 보면 뭔가 진실과 마주하게 되겠지. 그게 무엇이 되었든, 그때는 알 수 있을 테니, 지금 이 순간을 즐기자고 인성이는 생각했다.

_생각 의자

소크라테스는 작은 광장을 지나, 오두막집에 이르렀다. 그리고 그 안에 있는 의자로 인성이를 안내했다. 인성이가 보기엔 마치 안마의자 같았다. 홈쇼핑에서 광고하던 안마의자와 꼭 닮아 있었다.

"소크라테스 아저씨, 안마의자에 앉으라구요? 제가 안마를 받긴 받아야 할 만큼 사실 피곤해요. 오늘 내내 걷고 또 걷고, 낯선 아저씨들을 많이 만나서 어깨가 뻐근하도록 대화를 많이 했거든요."

이렇게 말하고 인성이는 의자에 앉았다. 소크라테스가 말했다.

"인성아, 이건 말이야. 네가 알고 있는 그 안마의자가 아니라, '생각 의자'라는 거야. 물론 '생각을 안마해준다'는 개념으로 보면 안마의자라고 해도 괜찮겠구나. 이 의자는 말이야. 네 생각을 만져 줄 거야."

인성이가 화들짝 놀라면서 말했다.

"네, 생각 의자라구요? 제 생각을 안마해준다구요? 그건 또 무슨 말씀이세요?"

소크라테스가 대답했다.

"넌 그 의자에 앉아 있으면 계속 질문을 받게 될 거야. 그 생각 의자는 질문이 프로그래밍화 되어 있어. 네게 뇌파로 계속 질문을 하게 될 거야. 아까 네가 어떻게 너 자신을 알 수 있는지 내게 물었지. 이 생각 의자에 앉아서 계속 질문을 받고 대답을 하다 보면 너 자신이 누군지 알게 될 거야. 자, 시작해 볼까?"

소크라테스는 생각 의자의 아래쪽에 달려 있는 붉은 버튼을 켰다. 그러자 전원이 들어오는 것처럼 빨간 불이 들어왔다. 정말 광고에 나오던 안마 의자와 스위치는 똑같아 보였다.

인성이의 머리로 안마가 시작되었다. 그런데 단순한 안마가 아니라, 소리가 들려왔다.

"너는 누구니?"

생각 의자는 첫 번째 질문을 해왔다.

인성이가 대답했다.

"나는 조인성입니다."

생각 의자는 다시 두 번째 질문을 했다.

"조인성이는 누구니?"

인성이는 이 두 번째 질문에서 "내가 조인성입니다"라고 대답을 하려고 하다가, 돌고 도는 질문과 대답이 될 것 같아 다르게 대답했다.

"조인성은 대한민국에 사는 중학교 2학년 학생입니다."

그러자 또 다른 질문이 들어왔다.

"대한민국에 사는 중학교 2학년 학생은 모두 조인성인가?"

이 질문을 받자, 인성이는 잠시 생각해 봤다.

'정말 나는 누구라는 말인가.'

그래서 또 이렇게 대답을 했다.

"대한민국에 살고, 중학교 2학년이고, 불고기를 좋아하고, 푸른 색을 좋아하며, 딸기를 좋아하는 사람입니다."

여기에서도 질문은 그치지 않았다.

"그렇다면 대한민국에 살고, 중학교 2학년이고, 불고기를 좋아 하고, 푸른색을 좋아하며, 딸기를 좋아하는 사람이면 모두 다 조인 성이라는 말인가?"

이 질문을 다시 받고 보니, 역시나 아직도 조인성이 누구인지, 자신이 누구인지에 대한 답변이 안 된 것 같았다. 정말 인성이는 자기가 누구인지 알지 못하고 있다는 사실을 깨달았다. 그래서 할 수 없이 고백을 했다.

"아, 저는 제가 누군지 잘 모르겠습니다."

첫 번째의 질문이 참 쉽고 단순하다고 생각했는데, 그렇지 않았 던 것이다. 여기까지 듣고 있던 소크라테스가 입을 열었다.

"인성아, 이게 바로 문답법이라는 거야. 내가 예전에 아테네 광

장에서 젊은이들에게 무지를 깨닫게 하기 위해 사용했던 대화법이지. 이렇게 스스로 자신이 모른다는 사실을 깨닫게 하는 거지. 사실 이런 대화법을 '산파술'이라고도 해. 나의 어머니는 산파였거든. 산파는 아이를 낳게 도와주는 사람이란다. 물론 직접 아이를 낳는 건 산모이지. 마찬가지로 무지를 깨닫게 도와주는 이 대화법을 산파술이라고 부르는 것이지. 해답은 말해주지 않고, 단지 깨닫도록 도와주는 역할만 한다고 말이야."

인성이는 고개를 끄덕였다.

"아하! 어머니의 직업인 산파에서 따온 말이군요. 그래서 산파술이라는 대화법이 소크라테스 아저씨의 트레이드마크가 되었군요. 엄마는 아이를 낳도록 도와주고, 아저씨는 지혜를 낳도록 도와주는 사람이 되었군요. 묘하게 닮아 있네요. 하하."

소크라테스도 고개를 끄덕이면서 함께 웃었다.

"그런 셈이지. 나는 기원전 470년 경에 아테네에서 태어났어. 나의 아버지는 조각가였고, 나의 어머니는 이미 말했듯이 산파였지. 나는 태어날 때부터 못생겼는데, 평생 추남 소리를 들었지. 하지만 반대로 세상에서 가장 현명한 사람이라는 이야기도 들었어."

듣고 있던 인성이가 소크라테스를 다시 쳐다보았다. 얼큰이에다가 눈은 붕어처럼 튀어나왔고, 키도 난쟁이똥자루에다가 코는 뭉뚝했고 이마는 벗겨지기까지 했다. 결코 미남은 아니었다. 현대적 시각에서 봐서도 못생긴 건 맞았다. 하지만 세계 4대 성인 중한 사람이 아닌가. 외모가 그의 가치를 결정짓는 게 결코 아닌 것은 확실했다. 인성이가 다시 물었다.

"세상에서 가장 현명한 사람이라는 말은 누가 해준 이야기인가요?"

소크라테스가 진지한 표정으로 대답해주었다.

"응, 내 친구가 델포이 신전에 가서 아테네에서 가장 현명한 사람이 누구인지 신탁을 청해 물었거든. 그러자 아폴론 신이 내가 모든 사람 중에서 가장 현명하다고 대답해주었지. 난 이 이야기를 듣고 처음엔 깜짝 놀랐어. 나는 내가 무지하다고 생각했거든. 그래서 현자들을 찾아가서 질문을 했지. 하지만 그 이름난 현자들은 자신들이 무지하다는 사실조차 모르고 있었던 거야. 그러나 나는 적어도 한 가지는 알고 있었던 거였어. 나 자신이 무지하다는 사실 말이지. 그래서 내가 제일 현명하다는 신탁이 나왔던 것 같아."

인성이는 박수를 쳤다.

"아하, 나 자신이 무지하다는 사실만 알고 있어도 굉장히 현명한 사람인 셈이군요. 저도 이 '생각 의자'로 제 자신이 무지한 걸 알았으니 조금은 이전보다 현명해졌겠군요. 제가 누구인지 저는 다 안다고 생각했는데, 전혀 모르고 있다는 사실을 이제 알게 됐거든요."

소크라테스가 고개를 크게 끄덕였다.

"그래, 인성아. 너는 너 자신이 누구인지 잘 몰라. 거의 누구나 그렇지. 사람들은 자기가 스스로를 제일 잘 안다고 생각하지. 그러나 그건 사실과 다른 이야기야. 대부분 자기를 잘 모르고 살지. 그러다가 결국 자기를 전혀 모른 채 죽는 사람들도 부지기수야."

인성이는 자신이 모르고 있다는 그 사실부터 출발해야 한다는 것을 깨달았다. '모른다'는 사실을 알아야 '앎'을 향한 갈증을 느낄 것이고, 지적 탐구를 해나갈 수 있을 테니까. 모든 것을 다 안다고 생각한다면 더 이상 앞으로 나아갈 수 없을 것이다. 호기심이나 궁금증도 더 이상 생기지 않을 테니까.

소크라테스는 인성이에게 말했다.

"나는 내가 아무것도 모른다는 사실을 알고 있었어. 너도 항상 이 말을 기억해. 이게 바로 '앎'에 다가가는 첫걸음인 셈이야."

_ 4대 성인의 공통점

인성이는 문득 한 가지 사실을 떠올렸다. 플라톤 아저씨를 만났을 때, 소크라테스 아저씨가 단 한 권의 책도 남기지 않았다는 이야기를 들었던 사실이 기억났다. 그래서 소크라테스에게 물었다.

"소크라테스 아저씨, 아저씨는 책을 한 권도 안 쓰셨다면서요. 후세 사람들이 전해 듣는 아저씨의 생각들은 결국 플라톤 아저씨 같은 제자들이 써놓은 책에 등장하는 소크라테스 아저씨의 이야기로 우리가 아는 거라면서요? 왜 책을 쓰지 않으셨나요?"

소크라테스가 대답했다.

"그래, 맞아. 내 사상은 크세노폰, 플라톤, 아리스토텔레스가 써 놓은 책을 통해서 사람들에게 알려졌지. 플라톤은 『변명』, 『크리톤』, 『파이돈』, 『향연』 같은 책에서 나를 많이 등장시켰지. 특히 『향연』이라는 책에는 '사랑(에로스)'이라는 주제에 대해 이야기를 나누는 모습이 담겼어. 나를 포함해서 모두 7명의 사람들이 모여서 이야기를 하는데, 그때 나도 참가자의 한 사람으로서 내 생각을 말하거든. 나는 플라톤의 저서, 이곳저곳에 많이 등장해. 후세 사람들은 나를 문맹이라고 하는데, 사실 세계 4대 성인이라고 일컬어지는 예수, 석가, 공자, 또 나를 포함해서 모두 책을 쓰지 않았어. 어떤 이들은 나 대신에 마호메트를 4대 성인에 포함시키기도 하는데, 어쨌든 손꼽히는 이런 사람들은 문자에 갇히기를 거부했다고 볼 수도 있겠지. 옹달샘이나 연못처럼 작은 물이나 고여 있는 것이지, 큰 바다는 갇혀 있지를 않는 것처럼 말이야. 모두 그 제자들이 그 생각을 후세에 전하는 공통점이 있어."

인성이는 가만히 듣고 있다가 이렇게 말했다.

"듣고 보니 그렇군요. 세계 4대 성인이라고 불리는 사람들 모두가 책을 남기지 않았네요. 신기한 공통점이네요. 어쩌면 정말 문자에 갇히지 않아서 확장성이 컸던 건 아닐지. 제자들이 스승의 생각을 한없이 발전시킬 수 있었던 것이 아닐까 싶네요. 그런데 참 소크라테스 아저씨. 공자는 『논어』를 쓰지 않았나요?"

소크라테스가 고개를 가로저었다.

"『논어』 역시 공자의 말을 모아 간추려서 만든 책인데, 누가 지은이인지는 분명치 않지. 제자들이 썼다는 이야기도 있고, 어쨌든 후세 사람들이 모아 놓은 공자의 어록이지, 논어 역시. 공자 스스로 책을 쓴 적은 없어."

인성이가 재빨리 말했다.

"소크라테스 아저씨, 그렇지만 좀 아쉽긴 하네요. 그래도 직접 쓴 책이 남겨지면 좋잖아요. 좀 더 친절한 설명도 들어갈 수 있고, 본인이 직접 쓴다면 말이죠. 아쉽네요. 플라톤 아저씨는 워낙 책을 많이 썼잖아요. 그래서 더 확실하게 자신의 생각을 남길 수 있지 않았을까요? 다 장단점이 있는 것 같아요."

소크라테스가 천천히 낮은 목소리로 대답했다.

"어쩌면 그럴 수도 있겠지. 그러나 항상 시대적 상황 같은 게 있어. 내가 살던 시대에는 문자를 모르던 사람들이 많았지. 옛날에는 그랬어. 그래서 말로 생각을 전하는 게 더 현실적이었는지도 모르지. 항상 현재의 시각에서 과거를 보면 제대로 그 의미를 파악할 수 없을 때도 많아. 나는 거리에 나가 아무나 붙잡고 질문을 던졌어. 문답식 대화를 통해서 그의 무지를 깨닫게 하도록 말이지. 내가 이 세상에 온 이유는 사람들에게 무지를 자각시키고, 참된 지혜에 대한 사랑을 불러일으키는 것이라고 생각했어. 그래서 난 죽는 날까지 그 임무에 최선을 다하려고 했지. 나의 최대 관심사는 인간이 인간으로 되는 것에 집중하는 거였어. 나는 내가 숨을 쉴 수 있는 한 진리를 추구하려고 했지. 난 진리를 추구하는 데 평생을 바친 셈이야."

인성이도 진지한 표정으로 소크라테스의 말을 듣고 있었다. 소크라테스의 말이 끝나자, 이렇게 말했다.

"아, 자신의 신념을 위해서 평생을 바친다는 게 어떤 기분일까요? 저도 그러고 싶네요. 사람이 태어나서 각자 어떤 생각으로 살아갈까요? 어떤 사람은 부자가 되기 위해서 살 수도 있고, 또 어떤 사람은 성공하기 위해서 살 수도 있고, 또 어떤 사람은 그냥 소박한 일상을 추구하면서 살 수도 있고, 또 어떤 사람은 자신의 신념을 지키기 위해 살 수도 있고……. 어떻게 사는 것이 좋은 것인지 모르겠네요. 하지만 저는 소크라테스 아저씨처럼 제가 옳다고 믿는 신념을 위해서 살고 싶어요. 소크라테스 아저씨 이야기를 들으니까 그런 생각이 들었어요. 하지만 저는 소크라테스 아저씨처럼 제 신념을 위해서 목숨까지 내놓을 수 있을지는 모르겠어요. 저는 그렇게 용기 있는 사람은 아닌 것 같아요. 하지만 그래도 신념을 지키기 위해 살려고 노력해볼 생각이에요."

인성이의 말을 듣고 있던 소크라테스가 물었다.

"인성아, 그럼 너의 신념은 무엇인데?"

인성이가 갑자기 공허한 표정을 지었다. 그리고 한참 동안 고개를 이리저리 갸웃거렸다.

"아, 그러네요. 제 신념은 무엇일까요? 제 신념부터 알아야겠군요. 제가 옳다고 굳게 믿는 마음, 그게 무엇일까요? 저는 세상에 진짜와 가짜를 구별해서 진짜만을 보여주고 싶은 마음이 있어요. 가짜에게 속는 건 너무 무의미한 것 같아서요. 플라톤 아저씨를 만났을 때 이야기를 들었죠. 동굴의 비유를 이야기해주셨는데 말이에요. 동굴에 비친 그림자를 평생 진짜 모습이라고 믿고 살아가는 사람들처럼 저는 그렇게 거짓이나 가짜에 속으면서 살고 싶지 않은 거예요. 저는 '진짜' 참모습을 보고 싶고, 그걸 찾고 싶어요. 제가 동굴에 묶여 있는 죄수라면 저는 그 굴레를 벗어버리고 세상의 진짜 모습을 향해 박차고 나가고 싶어요. 그게 제가 바라는 거죠. 그리고 묶여 있는 사람들에게도 외치고 싶어요. '당신들이 보고 있는 건 가짜다! 어서 빨리 생각의 속박을 풀고, 진짜 모습을 보기 위해 그 자리를 박차고 뛰쳐나가라!'고 알려주고 싶어요. 그게 제 신념 같아요. 그런데 이야기하고 보니, 소크라테스 아저씨와 좀 비슷한 것 같지 않나요? 진리를 위해 사는 삶, 다른 사람들에게 진리를 알려주기 위해 애쓰는 삶, 저 역시 세상의 진짜와 참모습을 다른 사람들에게 알려주고 싶어요. 그런 삶을 살고 싶은 거죠."

꽤 길게 이야기하는 인성이의 말을 심각한 표정으로 듣고 있던 소크라테스가 대답했다.

"아, 인성아, 바로 그거야. 그게 '앎'을 향한 자세이지. 너도 이제 철학자가 다 되었구나. '지혜에 대한 사랑'을 갈구하는 사람이 바로 철학자이지. '지혜에 대한 사랑'은 앎을 탐구하는 것이지. 그런데 조금 전에도 말했지만, 앎을 추구하려면 자신이 일단 모른다는 것을 알아야 할 수 있는 거야. 너는 이 세상에 진짜와 가짜가 섞여 있다는 걸 깨달은 거지. 그리고 진짜 모습을 추구하는 것이고. 또한 혼자만 그걸 알고 있는 것이 아니라, 다른 사람들과도 그 '앎'을 나누고 싶어하는 것이고."

인성이가 대답했다.

"그래요. 저는 세상 사람들에게 '진짜'만을 보라고 외치고 싶어요. 소크라테스 아저씨가 예전에 아테네 광장에서 외쳤던 것처럼, 저도 그러고 싶네요. 그리고 저는 앞으로 책을 많이 쓰고 싶어요. 제 생각을 그대로 남기고 싶거든요. 다른 사람의 손을 빌리지 않고, 그냥 제 생각이 그대로 전해지는 친절한 책을 쓰고 싶어요. 누구에게나 메모나 일기나 책을 쓰는 건 중요한 것 같아요. 기록이라는 건 모이면 책이 되는 것이고, 나중엔 중요한 자료가 되는 거겠죠. 처음 쓸 때에는 아무것도 아닌 메모일 수 있지만, 시간이 많이 흐르고 나면 그 속에 또 다른 뭔가 소중한 것이 담겨 있을 수도 있지요. 마치 옛날 조선 시대에 사용하던 흔한 밥그릇도 오랜 시간이 지나면 유물이 되듯이 말이에요. 뭐든지 메모든, 기록이든, 책이든 남기는 건 중요한 것 같아요."

_ 자기 자신에게로 가는 길

소크라테스는 인성이의 말이 끝나자, 박수를 세 번 쳤다.

"짝! 짝! 짝!"

그리고 말을 이었다.

"인성아, 너는 집으로 가는 길은 모르겠지만, 너 자신에게로 가는 길은 조금씩 발견해가고 있는 듯하구나. 많은 사람들은 자신이 무엇을 위해 살아야 하는지 어른이 되어서도 잘 모르고 사는 경우가 많거든. 그런데 너는 무엇을 하면서 살고 싶은지 그 틀이 잡혔으니 많이 앞으로 나온 셈이네. 대다수의 사람들은 그냥 아무 생각 없이 하루하루를 살아가는 경우가 많아. 그냥 날이 밝았으니 학교나 직장으로 가고, 또 날이 저무니까 잠자리에 들곤 하지. 그들의 머릿속에는 온통 일상적인 생각으로 가득 차 있지. 왜 살아야 하는지, 왜 여기에 있는지, 자기가 누구인지에 대한 고민은 전혀 없이, 그냥 시간이 흘러가면 그 속에 파도에 휩쓸리는 것처럼 그렇게 세월에 끌려 다니면서 살게 되지. 그러다가 어느 날, 죽음이라는 인간 육체의 막다른 골목 앞에 서게 되는 거야. 절대로 일어나지 않을 것 같은 자신의 인생의 끝, 그 죽음이 닥치기 전에는 단 한번도 진지하게 생각하지 않은 채 죽음을 맞이하는 거지. 사실 아이러니컬한 일이야. 인간은 누구나 죽는데, 그 끝에 대해 아무 생각 없이 산다는 건 정말 모순된 일이지. 인생에서 가장 큰 사건이 바로 '탄생'과 '죽음'일 텐데, 자기 생일은 매번 기념하면서 왜 자신의 마지막 운명에 대해선 아무 생각이 없는 걸까. 사람들이 죽음에 대해 늘 생각한다면 그렇게 아등바등 살지는 않을 거야. 그리고 다른 사람들에게 모질게 하지도 않을 것이고. 어차피 자기가 죽고 나면 다른 사람들을 짓밟고, 속이고, 못된 짓 하면서 빼앗은 물건들이나 재물이 결국 아무 의미도 없다는 걸 알 텐데 말이야. 한 발자국도 남들에게 배려나 양보를 안 하면서 사는 사람들도 있지. 그렇게 모은 재산도 결국 자기가 죽고 나면 자기에겐 아무 의미가 없는 게 되지. 저세상엔 그 재산을 갖고 갈 수가 없는 거야. 그리고 자신에게 소중했던 물건들도 주인을 잃어버리고 나면 모두 쓰레기가 되고 말지. 그러니 너무 눈앞의 것만 바라보고 산다는 건 무가치한 일이지. 그럴 시간에 자신의 영혼에 주의를 기울이는 게 의미가 있을 거야. 자신의 영혼을 개선하는 일에 많은 시간을 할애해야 해. 인생은 그럴 때 의미가 있는 거야."

소크라테스의 강연에 가까운 긴 이야기가 끝났을 때, 인성이는 갑자기 생각난 일이 있었다. 얼마 전, 할머니가 돌아가셨을 때 엄마와 함께 짐 정리를 하러 갔던 일이었다. 할머니가 살아계셨을 때에는 참 쓸모가 있고, 빛이 나던 물건들이 모두 쓰레기처럼 남아 있었다. 주인이 사라지고 나니, 그 공간 역시 빛을 잃었다. 한쪽 모서리가 부서진 오래된 찬장도 할머니가 애지중지 닦을 때에는 그 자리에 있는 것이 어색하지 않았는데, 주인을 잃자 그 물건은 그저 아무 쓸모없는 것이 되고 말았다. 할머니가 받았던 소중한 편지 묶음들도 그 속에는 지나간 사연들이 오롯이 담겨 있지만, 다른 사람들에겐 아무 의미가 없는 쓰레기처럼 보일 것이다. 누군가에게 소중한 물건들도 그 주인이 사라지면, 그 의미를 잃게 되는 것이다. 그러니 사람이 물건에게 집착을 하는 것도, 물건이라는 가치도 살아 있을 때에나 의미가 있는 것이다. 그러나 그 삶의 시간은 의외로 짧은 것, 인생의 마지막에 기다리는 건 죽음이라는 막다른 골목일까. 여기까지 생각하다가 인성이가 소크라테스에게 물었다.

"소크라테스 아저씨, 죽음은 인생의 막다른 골목일까요? 더 이상 길은 없는 걸까요? 인간은 죽음으로써 사라지는 건가요?"

소크라테스가 대답했다.

"그 문제에 대한 정답을 아는 인간은 없지. 그러니 모두들 추측만 할 뿐이지."

인성이가 무겁게 말했다.

"저도 죽음에 대해 별로 생각이 없었는데, 주변에 가까운 사람의 죽음을 보고 나니, 남의 일이 아니라는 걸 알았어요. 저도 언젠가 '반드시' 죽는다는 걸 알았죠. 물론 원래부터 알고 있긴 했지만, 그래도 안다는 것과 느낀다는 건 다른 것 같아요. 제 삶에 죽음이 훅-! 하고 들어온 셈이죠. 영원히 옆에 있어줄 것 같은 가까운 사람이 죽는다는 것은 정말 큰 충격이에요. 인간의 운명에 대한 한계를 느끼게 되는 거죠. 정말 인간은 아침 햇살에 금방 사라지는 이슬과도 같은 존재구나, 하는 걸 느꼈어요. 그렇게 갑자기 사라질 수 있다는 것이 놀라울 뿐이죠. 그리고 그 시기는 자신이 결정할 수도 없다는 것, 언제 어느 때 올지도 모른다는 것이죠. 그래서 더 열심히 살아야겠다는 생각을 하게 된 거죠. 현재를 정말 즐기고, 현재 이 시간을 잡아야겠다는 생각을 절실히 한 거예요. 제가 좀 더 일찍 이 사실을 알면 좋았을 텐데, 왜 항상 늦게 깨닫는 걸까요? 많은 시간들이 지나가버렸어요."

소크라테스가 말했다.

"늦었다고 생각될 때가 가장 빠르다는 말을 흔히 사람들이 하곤 하지. 그 말을 기억해. 지금이라도 그걸 깨달았다는 것이 중요하지. 지금부터라도 헛되이 살지 말고, 열심히 살도록 해. 헛된 것에 매달리지 말고."

인성이가 갑자기 눈물을 글썽였다.

"사람이 죽는다는 건 정말 슬픈 일이에요. 만일 저세상이 없다면 더 그럴 것 같아요. 하지만 전 저세상이 어쩐지 있을 것 같아요. 우리가 어딘가로부터 왔다면 가는 곳이 있지 않겠어요. 아무 이유도 없이 왜 사람들은 여기로 왔다가 갈까요? 왜 같은 걸 반복하죠? 지금 이 시간에도 많은 생명들이 태어나고, 또 많은 생명들이 떠나가잖아요. 인류 역사는 길고 긴데, 왜 그런 일들이 되풀이되고 있는 거죠? 그리고 그 생명들은 어디서 온 거죠? 또한 어디로 가는 거죠? 저는 저세상이 없다면 설명될 수 없다고 생각해요. 그리고 우리가 아는 이 세상만 있다고 생각하는 건 일종의 오만 같아요. 눈에 보이는 것만 믿는 건 어리석은 것 아닌가요? 눈에 보이지 않지만, 존재하는 것들이 얼마나 많나요? 세균 같은 것도 눈에 보이지 않아서 예전에는 그 존재도 몰랐지만, 의학 기술이 발달하고 나니까 그 세균의 존재를 볼 수 있는 도구도 발명하고, 또 그 보이지 않던 존재가 존재한다는 걸 알게 된 거잖아요. 우리 인간이 저세상을 지금 볼 수 없다고, 무조건 없다고 생각하는 건 오만 또는 반대로 어리석은 일 같아요."

소크라테스가 대답했다.

"그래, 인성아. 아직은 아무도 그 문제에 대해 확실히 말할 수 있는 사람들이 없지. 하지만 오랜 인류 역사상 죽음 이후의 세상에 대해서 말하는 사람들은 많았지. 물론 그들 중에는 그냥 지어낸 이야기를 하는 사람도 있었고, 또 그걸 이용해서 사기를 치는 사람들도 있었지. 아니면 혼자만의 상상이거나, 헛것을 보고 이야기하는 사람들도 있었지. 하지만 모두가 다 그랬다는 건 아니야. 그중에 진실을 말하는 사람들도 있을 수 있겠지. 하지만 아무도 받아들여주지 않는 것뿐이지. 그러나 이 세상엔 종교라는 게 있지. 죽음 이후의 세상을 말하면서 그 세계를 이야기하는 사람들도 종교인이지. 그들 보고 다들 미쳤다고 말하진 않잖아. 인간에겐 탄생만큼이나 죽음도 삶의 한 부분이야. 그리고 그 이후의 세상에 대해 말하는 건, 어쩌면 인간의 운명상 당연하다고 볼 수도 있겠지."

인성이가 되물었다.

"소크라테스 아저씨, 이런 생각을 진짜 하신 건가요? 책을 안 쓰셨으니까, 아저씨 생각이 어디까지인지 알 수가 없군요."

소크라테스가 대답했다.

"그래, 인성아. 내가 직접 책을 쓰지 않았고, 플라톤과 아리스토 텔레스 같은 이들이 써놓은 내 모습과 생각들에는 나의 모든 것이 담겨 있지 않지. 그리고 내 생각 그대로 써놓아졌을 리도 장담할 수는 없어. 거기에 담겨 있는 내 생각이 그대로 내가 말했고, 나를 단정 짓는다고 생각하는 건 위험할 수 있지. 그 책 속에서의 내가 진짜 내가 아닐 수도 있어. 그런 것까지 생각할 수 있어야지. 그래서 지금 내가 이야기하고 있는 이 말들도 정말 내 생각인지, 네 생각의 반사인지 알 수가 없을 거야. 하지만 지금 그게 중요한 건 아니지. 그저 생각의 꼬리를 물고 생각을 이어갈 수 있도록 앎을 향한 대화의 과정이 중요한 게 아니겠니. 내가 무엇을 이야기했고, 플라톤이 무엇을 이야기했고, 아리스토텔레스가 무엇을 이야기했다는 사실만 달달 외우는 건 철학을 하는 것도 아니고, 앎을 향한 몸짓도 아니야. 그건 네가 살아가는 대한민국이라는 나라에서 철학을 빙자한 암기과목을 또 하나 만들어내는 것 뿐이지. 철학은 암기를 하는 게 아니야. 스스로 자신의 무지에서 탈출해가는 과정 이지."

듣고 있던 인성이가 말했다.

"좀 과격하게 말씀하시네요. 하지만 틀린 말씀도 아니네요. 저도 우리나라에서 제대로 된 철학 교육을 좀 했으면 좋겠어요. 우리나라에는 절대로 소크라테스 아저씨 같은 철학자는 나오지 않을 것 같아요. 우리는 과정보다는 결과만 중요시하니까요. 그런데 희망이 별로 안 보여요. 제 삼촌이 그러는데, 삼촌의 어린 시절에도 항상 교실에서 이런 넋두리를 들었대요. 그래서 나중엔 우리나라도 괜찮아질 거라고 했다지만, 몇 십 년이 지났으나 달라진 건 없대요. 여전히 그냥 아직도 우리는 암기과목들 뿐이죠. 그래서 저는 말해주고 싶네요. 그런 넋두리에 속지 말라고. 마치 언젠가는 우리나라도 바뀔 거라고, 그래서 그 미래를 생각하면서 암기 과목식 학교 과정을 무시해버리면 결국 낙오되는 건 자기 자신일 뿐이라고. 진정한 철학을 하는 과정을 알아야 하지만, 또한 현실의 암기 과목식 교육 체제에서 이탈은 하지 말라고 말이에요. 왜냐하면 안 바뀌니까 그 체제에 따르지 않으면 낙오자가 될 뿐이에요. 낙오자가 되면 선택할 수 있는 게 아주 적어지죠. 그 장밋빛 이야기에 현혹되어서 현실까지 도외시하면 안 되는 것이죠. 또 우리 친구들이 그런 생각도 할 수 있죠. 이 대한민국을 떠나 외국에 가서 창의성을 발휘하면 되지 않겠느냐고. 그러나 실질적으로 그럴 기회를 가지는 것도 역시 대한민국에서 암기 과목을 잘해야, 그 체제를 잘 따라야 그 선택권을 가질 수 있다는 걸 잊지 말아야 해요. 투 트랙으로 가야 한다는 것이죠. 한쪽만을 추구하지 말고. 진짜를 알아야 하는 것은 맞지만, 그 진짜를 자기 것으로 하려면 현재의 이 대한민국의 교육 체제에서 낙오자는 되지 말아야 한다는 것, 이 사실을 잊지 말라고 꼭 이야기해주고 싶군요. 세상은 쉽게 바뀌는 게 아니라는 사실. 하지만 진실은 알고 있는 게 좋겠죠. 뭐가 더 가치가 있는 것인지는 분별할 수 있지만, 현실 속에서 자신이 해야 할 일들은 꼭 열심히 해야만 그 가치 있는 삶까지 놓치지 않을 수 있다는 이 아이러니컬한 상황을 꼭 기억해야 할 거예요."

소크라테스가 모처럼 소리를 내면서 껄껄 웃었다.

"인성아, 뭔가 쌓인 게 많나 보구나. 그래, 외골수라고 하지. 한쪽만 파고드는 것. 그리고 완벽주의자들과 결벽주의자들은 가치 있는 것에만 무게 중심을 두지. 그러나 '로마에 가면 로마법을 따라야 하듯이', 네가 대한민국이라는 나라에서 학생으로 산다면 그 틀 안에서 지킬 건 지켜야겠지. 그러면서 너의 세계를 만들어가는 게 현명한 거야. 그리고 그래야만 진정으로 그 틀을 깨뜨리고 비상할 수 있어. 그렇지 않으면 너의 세계는 그저 상상 속의 집이 되어버리고 말지도 몰라. 왜냐하면 그 틀 안에서 힘을 갖지 않으면 그 틀을 깨뜨릴 힘조차 얻을 수 없기 때문이지."

인성이가 힘없이 대답했다.

"제가 좀 더 일찍 이 사실을 알았더라면 좋았을 듯해요. 왜 어른들은 있지도 않고, 오지도 않을 세상을 마치 올 것처럼 이야기하

는 거죠? 그럼 우리 청소년들은 정말 그럴 거라고 믿잖아요. 그리고 마치 우리가 어른이 되면 새로운 세상이, 완벽한 세상이 올 것처럼, 지금보다 더 나은 세상이 올 것처럼 이야기하는 거죠? 왜 그런 장밋빛 환상을 심어주는 걸까요? 더 좋은 세상을 구별하는 것과, 더 좋은 세상이 되는 건 분명히 다른 것이죠. 책에서도 너무 이상적인 것만 말해줘요. 하지만 제가 발을 딛고 있는 건 이 진흙투성이 세상인데 말이죠. 그리고 제가 해야 할 일은 암기과목처럼 모든 걸 외워야 하는 현실인데, 왜 그게 무가치하다고만 말해주었을까요? 무가치하지만 그걸 해야만 가치 있는 걸 할 수 있는 힘이 생긴다는 걸 좀 더 강조해주었더라면, 아마 먼 길을 돌아오지 않을 사람들도 많았을 텐데요. 저 같은 사람이 순진한 걸까요? 이상주의자였던 걸까요? 아니면 바보였던 걸까요? 세상엔 자기 생각이 있고 주체적 인간이 더 가치가 있다고만 말하고, 오히려 암기를 잘하고, 체제에 잘 순응하는 인간이 더 성공한다는 말은 안 해주나요? 차라리 그 체제를 잘 활용해 힘을 가지고 나서 자기 생각을 펼치라고 말해주었더라면 더 좋았을 텐데."

소크라테스가 말했다.

"인성아, 지금 넌 남 탓을 하고 있는 거냐? 그건 네가 지금 변명을 하고 있는지도 모르지. 너의 모든 상황과 주변 환경이 널 그렇게 이상적인 세상으로 도피를 시켰는지도 몰라. 아니면 네가 좀더 현명했더라면 미리 그걸 깨달을 수도 있었을 테고. 넌 책 탓만

하는데, 책을 모두 믿는 것도 어리석은 것이지. 책이라는 것도 자신이 어떻게 받아들이느냐에 따라 달라지는 거야. 똑같은 책을 읽어도 사람에 따라 그 생각의 결과는 다르지. 『15소년의 표류기』를 읽고 모험심을 성장시키는 사람도 있고, 또는 집 나가면 역시 개고생이라고 생각하는 사람도 있어. 너도 읽었던 모든 책들에서 네가 피해나갈 변명을 찾고 있었을 수도 있지. 그러니 남 탓, 책 탓을 하지 말고, 그 원인을 네 자신 안에서 찾아. 해답은 자기 안에 있지."

인성이가 기어들어가는 듯한 목소리로 간신히 말했다.

"그래요, 소크라테스 아저씨. 아저씨 말씀이 맞는 것 같아요. 제 탓 같아요. 세상의 참모습을 알지 못했던 것도 제 탓이죠. 너무 제 위주로 생각했던 것도 제 탓이고요. 그리고 한쪽으로만 무게중심을 두었던 것도 제 탓이죠. 투 트랙으로 갔어야 했는데 말이죠. 암기과목식 학교 환경이 이상적이지 않다는 걸 알았어도 현실에선 그걸 따라야 했죠. 잘못되었다는 사실만 알고 있으면 되었는데, 그걸 무시해버리면 안 되는 거였죠. 그래서 너무 먼 길을 돌아가게 된 거예요. 제가 쉽게 얻을 수 있는 걸 너무 어렵게 가지게 된 것 같아요."

소크라테스가 말했다.

"지금이라도 알았다면 다행이지 않니. 그리고 지금 네가 다른 친구들에게도 그 사실을 알려줄 수 있다면 그나마 또한 다행이지.

다른 친구들은 너와 같은 실수를 하지 않길 간절히 네가 바라고 있다는 걸 알려줄 기회도 생겼으니 말이야. 너같이 지혜로운 아이들이 인생의 낙오자가 되지 않도록 이 세상에 살고 있는 너 같은 친구들에게 꼭 알려주렴. 그래야 대한민국에서 보다 많은 지혜로운 어린이들이 낙오되지 않을 테니 말이야. 세상의 진실을 그대로 전해주렴. 그리고 인성아, 이젠 우리가 헤어질 시간이 되었구나."

인성이도 문득 그 시간이 되었다는 것을 깨달았다. 이번에 소크라테스 아저씨를 만나고부터 인성이는 자기 자신이 부쩍 많이 자랐다는 생각이 들었다. '생각 의자'의 효능이 이렇게 좋다니! 인성이는 '생각 의자'가 안마 의자처럼 피곤을 풀어줄 뿐만 아니라, 자신의 생각을 한층 자라게 해준다는 사실을 깨달았다. 이렇게 생각이 쑥쑥 성장하다니, 계속 저 생각 의자를 사용했으면 좋겠지만, 이젠 아쉽게도 떠나야 했다. 인성이는 소크라테스와 작별 인사를 나누었다. 그리고 다음 문을 향해 길을 나섰다.

THE GATE VII
갈릴레오 갈릴레이

인성이는 터벅터벅 다시 길을 떠났다. 이제 벌써 일곱 번째 문을 향해 가고 있는 것이다. 얼마나 시간이 지났을까. 이곳은 시간의 개념이 없어 보였다. 몇날며칠이 지났는지 가늠이 되지 않았다. 그러고 보니, 인성이가 방문했던 집들에는 시계가 없었다. 그리고 달력도 없었다.

　과연 여기는 어디라는 말인가. 그리고 지금은 도대체 언제일까. 또 집으로 돌아갈 수 있는 길은 찾을 수 있을까. 인성이는 여러 생각들을 하면서 앞을 보며 걸어 나갔다. 그랬더니 아니나 다를까, 역시 또 하나의 문이 나타났다.

　인성이는 이번엔 누가 나올까, 기대가 되었다.

　인성이는 이번엔 또 어떤 이야기를 들을 수 있을까, 살짝 기대가 되었다. 그래서 조금 두근거리는 마음으로 노크를 했다. 똑똑!

이번엔 나무로 만든 문이라 그 감촉이 손으로 전해 와서 마음이 편해졌다. 이미 죽어버린 생명체이긴 해도, 이상하게 나무는 그 결이 그대로 전해온다. 이 문에 사용된 나무는 후가공이 전혀 되지 않은 원목 그대로였다. 그 어떤 인간의 손길도 거치지 않은 상태. 인성이는 잠시 마음이 따뜻해지는 걸 느끼면서 손에 전해오는 그 감촉을 즐겼다.

이윽고 안에서 인기척이 느껴졌다. 누군가 문으로 다가오는 소리가 들렸다. 그리고 문이 열렸다. 턱 수염이 풍성한 한 아저씨가 나왔다. 인성이는 재빨리 자기 소개를 했다.

"저로 말씀드릴 것 같으면, 집에서 집으로 가는 길을 잃어버리고 이곳으로 와서, 그 집으로 가는 길을 찾고 있는 중입니다. 저는 조인성이라고 합니다."

인성이는 자기가 말을 해놓고도 '집에서 집으로 가는 길'이라는 말이 참 이상하다고 생각했다. 하지만 실제로 집에서 집으로 가는 길을 잃어버린 게 아닌가. 인성이는 집 밖으로 나가지도 않은 채 이곳으로 던져진 셈이니까. 적어도 인성이는 그렇다고 지금 생각하고 있었다. 이런 생각을 하고 있는데, 턱 수염 아저씨가 입을 열었다.

"아, 인성이로구나. 나는 갈릴레오 갈릴레이라고 해. 너도 한번쯤 내 이름을 들어봤을 거야."

인성이는 생각을 해봤다. 물론 들어봤다. 정말 그 유명한 천문학자인 갈릴레오 갈릴레이라는 말인가. 인성이는 이 아저씨를 생각하면 '그래도 지구는 돈다' 이 말만 생각났다. 이런 생각을 하고 있는데, 갈릴레오 아저씨가 안으로 들어오라는 손짓을 했다. 인성이는 또 쫄래쫄래 따라들어 갔다. 갈릴레오는 넓은 정원을 거쳐 약간 언덕 같아 보이는 곳으로 데려갔다. 그곳엔 탑 같은 집이 하나 있었는데, 그 안으로 따라들어 갔다. 거기엔 천체망원경이 있었다. 인성이는 그걸 보자마자 환호성을 질렀다.

"오, 천체망원경이군요! 저도 이걸 가지는 게 로망 중 하나였는데, 아직 제겐 없어요. 저도 천체망원경으로 별을 너무 관찰하고 싶거든요."

갈릴레오가 이 말을 듣더니 빙그레 웃었다. 그러면서 이렇게 물었다.

"인성이 넌 장래희망이 천문학자니?"

인성이가 바로 고개를 가로저었다.

"아니오. 천문학자가 꿈은 아니지만, 그냥 별이 좋아요. 별은 뭔가 이 세상과는 다른 걸 이야기해줄 것만 같거든요. 숨겨진 인간의 비밀 같은 것도 알려줄 것 같고요. 또 지구에만 갇힌 제 신세가 별을 보고 있노라면 우주로 뻗어나가는 것 같아 왠지 기분이 좋아지거든요."

갈릴레오가 엄지 척을 해보였다.

"별을 보는 건 정말 매력적인 일이지. 그런데 너 그거 아니? 이 천체망원경을 내가 개발했다는 것 말이야. 나는 20배 비율을 가진 망원경을 먼저 개발했지. 그리고 달부터 관찰하기 시작했어."

인성이가 두 눈을 동그랗게 뜨면서 소리 질렀다.

"아, 정말이에요? 갈릴레오 아저씨가 스스로 만든 망원경으로 달을 관측했구나, 정말 놀라운 이야긴데요?

갈릴레오가 자랑스러운 표정으로 이야기를 이어갔다.

"내가 처음으로 천체 망원경을 발명해서 우주를 관측한 날이 언제인 줄 아니? 바로 1609년 8월 25일이지. 난 이 날을 잊지 않아. 물론 후세 사람들도 이 날을 다 같이 기념해주곤 하지. 사실 내가 처음 만든 건 천체망원경이라기보다 그냥 망원경이었지. 그리고 내가 최초로 발명한 것도 아니고 말이야. 최초로 망원경이 발명된 건 1609년 네덜란드였지. 나는 이 망원경을 천체 관찰을 위해 다시 업그레이드시킨 셈이지. 그리고 이날로부터 10여년 후인 1621년 12월 3일에 나는 비로소 천체 관측을 위한 천체 망원경을 완성했어. 이날이 사실 더 큰 의미가 있는 셈이지. 네가 요즘 탐내는 천체 망원경은 내가 만든 이 천체 망원경이 발전에 발전을 거듭해 만들어진 것이야. 내가 시작을 안 했더라면 훨씬 더 늦어졌을 테지."

인성이는 갈릴레오에게 존경의 눈빛을 보냈다.

"와, 아저씨는 완전히 천재였군요. 어떻게 우주를 관측하기 위해서 천체 망원경을 만들 생각을 다하신 거예요?"

갈릴레오가 대답했다.

"모든 게 관심이 있으면 하게 되어 있는 것이지. 자신이 열정을 쏟는 일에는 새로운 아이디어가 샘솟는 법이거든."

_ 갈릴레오 갈릴레이

인성이가 갈릴레오에게 물었다.

"근데 아저씨 이름은 참 어려워요. 갈릴레오 갈릴레이, 이름과 성이 비슷해서 늘 헷갈려요. 갈릴레오가 이름이고 갈릴레이가 성이죠? 성과 이름이 너무 닮았어요."

갈릴레오 아저씨가 역시나 또 웃었다.

"좀 그렇지? 그 이유는 말이야. 다 사정이 있어. 내가 어릴 적에 살았던 지방인 토스카나에서는 풍습이 있었지. 장남이 태어나면 그 이름을 성과 비슷하게 짓는 풍습 말이야. 그래서 내가 장남으로 태어났기 때문에 이름과 성이 비슷해진 거야. 후세 사람들이 좀 헷갈릴 만하긴 하지. 본의 아니게 미안해. 하하!"

갈릴레오는 이렇게 말하면서 또 웃었다. 인성이는 그런 갈릴레오를 보면서 또 물었다.

"갈릴레오 아저씨, 저는 아저씨 하면 떠오르는 말이 '그래도 지구는 돈다'라는 거예요. 왜 그런 말씀을 하신 거예요?"

갈릴레오가 양팔로 엑스 자를 만들어 보였다.

"사실 그 말은 내가 진짜 한 이야기는 아니었어. 많은 사람들이 내가 종교 재판소를 나오면서 그 말을 했던 걸로 아는데, 실제로 그런 말을 한 적은 없어. 역사 뒷이야기는 후세 사람들에 의해서 때로는 와전되곤 하지. 내 경우도 그런 셈이야."

인성이가 되물었다.

"그럼 도대체 그 말은 누가 꾸며낸 말인가요? 아저씨가 한 말이 아니라면요."

갈릴레오가 대답했다.

"응, 내가 죽은 뒤 17세기쯤이었어. 그맘때쯤이었지. 어떤 스페인 화가가 내 초상화를 그렸지. 그런데 그 초상화 액자에 '그래도 지구는 돈다'는 말을 그 화가가 새겨 놓은 거야. 그래서 나중에는 마치 내가 한 말처럼 되었고, 또 거기에 덧붙여져서 내가 종교재판소 문을 나서자마자 이 말을 했다고 알려졌지."

인성이가 좀 억울하단 표정으로 말했다.

"아, 저도 아저씨가 한 말인 줄 알았어요. 너무 이 말이 유명해서, 갈릴레오 하면 떠오르는 말이 이 이야기였거든요."

갈릴레오가 또 인성이의 말을 받아주었다.

"그래, 그렇지. 하지만 너무 억울한 표정은 짓지 마. 너만 몰랐지, 이게 사실은 내가 한 말이 아니라는 걸 아는 사람들도 많아. 세상에 그 사실이 알려졌지만, 그래도 이 말의 파급력이 세서 계속 그런 이야기가 떠돈 거지. 너도 이 말을 듣고 한방에 내가 무슨 일을 했는지 딱 기억에 새겨졌잖아."

인성이가 받았다.

"그렇죠. '그래도 지구는 돈다'는 이 이야기를 갈릴레오 아저씨가 마지막으로 했다는 그 말이 완전히 반전 드라마를 보는 것 같았죠. 종교 재판소에 끌려가서는 지구가 돌지 않는다고 비겁하게 변명을 했지만, 거길 나오면서 이 한 마디를 했다는 게 정말 충격이었죠. 종교도 과학을 결국 막을 수가 없다는 걸 상징해주는 말 같았어요."

갈릴레오가 두 손으로 강하게 박수를 한번 딱 치면서 말했다.

"바로 그거야. 그 쇼킹한 반전이 이 이야기를 실제처럼 퍼뜨렸지. 사실이 밝혀져도 그냥 계속 전해지고 또 전해진 거야. 그로부터 400년 가까이 흘렀지만, 여전히 내가 한 말이라고 믿는 사람들도, 또 학생들에게 가르치는 선생님도 많지. 하지만 그 이야기가 사실은 아닐지라도 진실일 수는 있어."

인성이가 고개를 갸웃거렸다.

"사실과 진실은 다른 건가요?"

갈릴레오가 고개를 강하게 한번 끄덕였다.

"그렇지. 사실과 진실은 비슷해 보이지만, 완전히 다를 수도 있어. '사실'은 객관적 실체이지만, '진실'은 주관적 실체이지. 예를 들어, A라는 사람이 B가 잃어버린 전세금을 빌려주었어. 사실은 뭐야? A는 B에게 고마운 사람이지. 하지만 진실은 뭐냐면 A가 B의 전세금을 훔친 거였어. 이렇게 사실과 진실은 다른 거야. 사실은 눈에 보이는 것이고, 진실은 그 안에 숨겨진 실체라고 할 수 있지. 그러니 비록 내가 '그래도 지구는 돈다'는 말은 그 장소에서 하지 않았지만, 그게 상징하는 그 시대의 진실은 맞는 셈이지."

_ 지동설과 천동설

인성이는 가만히 듣고 있다가, 조심스럽게 물었다.

"갈릴레오 아저씨, 아저씨도 잡혀갔다면서요? 조금 전에 만났던 소크라테스 아저씨는 잡혀갔다가 감옥에서 독배를 마시고 돌아가셨다는데, 아저씨는 그래도 살아나오셨다고요?"

갈릴레오는 조용히 고개를 끄덕였다.

"그래, 어쩌면 나는 비겁할 수도 있지. 나는 종교재판소에 세워졌지. 지동설을 주장했다는 이유로 말이야. 나는 1564년 2월 15일에 태어났지. 그리고 1642년 1월 8일까지 살았어. 즉 16세기와 17세기에 걸쳐 살았던 셈이지. 내가 살던 시대는 14세기와 16세기에 이르는 르네상스와 17세기 과학혁명 사이에 놓여 있었지. 내가 그 징검다리 역할을 한 셈이었어. 그때까지만 해도 2세기 무렵에 프톨레마이오스라는 그리스 천문학자가 완성한 천동설을 그대로 믿고 있었지. 인성아, 너는 천동설이 뭔지 아니?"

듣고 있던 인성이가 재빨리 대답했다.

"음, 학교에서 배운 것 같아요. 지구가 자전하는 것이 아니라, 하늘(천구)이 회전을 한다는 것이죠?"

갈릴레오가 인성이의 머리를 쓰다듬으면서 말했다.

"학교에서 잘 배웠구나. 그렇지. 천동설은 모든 별과 태양이 지구를 중심으로 공전을 한다고 주장한 이론이지. 그런데 말이야. 16세기에 코페르니쿠스라는 폴란드의 천문학자가 지동설을 주장한 거야. 그는 이탈리아 유학 중에 그리스의 고문헌을 통해 태양 중심설을 알게 된 거야. 그래서 다시 폴란드로 돌아간 후에 코페르니쿠스는 지구 중심설이 아닌 태양 중심설, 즉 지구를 포함한 별들은 태양을 중심으로 공전한다는 지동설을 주장하게 되었지. 지동설이 별의 움직임을 더 잘 설명한다는 것을 알아냈던 거지."

인성이가 놀라서 물었다.

"그럼 코페르니쿠스 아저씨도 갈릴레오 아저씨처럼 종교재판소에 세워졌나요?"

갈릴레오가 조용히 고개를 가로저었다.

"아니, 그렇진 않았어. 코페르니쿠스는 이런 종류의 논의는 자연철학자에게 맡겨야 할 일이라 생각했던 것 같아. 그래서 그런지 죽기 전인 1543년에 『천구(天球)의 회전에 대하여』라는 책을 남기고는 평소 자신의 입장을 명확히 밝히진 않았지. 그래서 살아 있을 당시에는 큰 문제가 안 됐던 거야. 하지만 그가 남긴 책의 이론으로 나도 영향을 받은 셈이지."

인성이가 탄성을 질렀다.

"아! 역시 책이 중요한 거네요. 만일 코페르니쿠스 아저씨가 책을 남기지 않았다면 지동설이 널리 퍼지진 못했겠죠? 알려지기까지 훨씬 더 늦어졌을 것 같은데요."

갈릴레오가 말했다.

"그래, 메모나 책은 중요해. 뭔가 자신의 생각을 구체적으로 확실하게 남기려면 책으로 후세에 남기는 게 좋을 거야. 어쨌든 코페르니쿠스의 지동설은 그 당시에는 아주 쇼킹한 주장이었지. 지구가 우주의 중심이라고 생각했던 '닫힌' 중세적 우주관에서 태양을 중심으로 지구가 회전한다는 '열린' 근대적 우주관이 된 거야. 정말 그 당대로서는 천지개벽할 만한 이론이었지. 그래서 사람들은 이걸 두고 혁명에 가까운 일이라고 해서, '코페르니쿠스 혁명'이라고 불렀지."

인성이가 말했다.

"와, 정말 대단하네요. 세상을 완전히 뒤집어놓는 이론을 주장하다니 굉장하네요. 코페르니쿠스 아저씨가 주장한 지동설은 혁명적인 생각이었군요. 그렇지만 세상에 대놓고 자기 생각을 펼치진 못했네요. 그걸 실행한 건 갈릴레오 아저씨였군요."

이 말을 듣자, 갈릴레오는 묘한 표정을 지었다.

"글쎄다. 나도 사실 강하게 주장을 하진 못했지. 그 덕분에 종교 재판소에서 살아나온 것이고. 만일 그 당시에 나도 소크라테스처럼 내 신념을 굽히지 않았다면 사형을 당했을 수도 있지. 하지만 소크라테스는 철학자였지만 나는 과학자였지. 그래서 신념보다는 더 연구할 기회를 놓치고 싶지 않았던 셈이야. 코페르니쿠스 역시 과학자이다 보니 자연철학자들에게 그 임무를 미뤘던 거야. 또한 자신은 지동설을 주장했지만, 중세 시대의 세계관을 믿고 있었던 것이지. 코페르니쿠스에 따르면 태양이 중심이긴 하지만, 천구라는 투명한 틀 안에 행성들이 갇혀 있다는 거야. 그리고 그 투명한 틀이 회전함에 따라 별과 행성이 움직이는 거라고 믿었거든. 또 코페르니쿠스는 지동설을 주장했지만, 천체를 관찰해서 그 이론을 확인시켜주진 못했지. 그런데 바로 내가 그걸 한 거야. 내가 만든 천체망원경으로 나는 실제로 관찰해서 지동설을 확인한 거지. 그래서 내가 더 파급력이 컸던 셈이지. 그냥 툭 던져 놓는 거랑, 사실로 확인시켜주는 건 확실히 다르지. 당연히 후자 쪽이 파장이 더 크겠지."

인성이는 갈릴레오를 향하여 엄지 척을 해보였다. 그리고 이렇게 말했다.

"갈릴레오 아저씨가 짱이네요. 그래서 사실 코페르니쿠스 아저씨보다 갈릴레오 아저씨 이름을 사람들이 더 많이 알 걸요. 아저씨가 더 유명해요."

인성이의 이 말에 갈릴레오는 멋쩍게 웃었다.

"내가 아마 종교재판소에서 당당하게 내 신념을 끝까지 밝혀서 형장의 이슬로 사라졌다면 어땠을까? 아마 더 큰 획을 긋지 않았을까. 과학의 순교자로서 말이야. 역사는 가정을 하면 안 된다지만, 그럴 수도 있지 않을까. 하지만 난 역시 철학자는 아니었고, 과학자였어. 난 살아남아서 더 연구를 했던 거지. 후세 사람들이 나의 그런 비겁함이 아쉬워서 그랬는지 '그래도 지구는 돈다'는 말을 내가 종교재판소를 나오면서 혼잣말로 했다는 이야기를 꾸며 냈을지도 모르지. 사람들은 과학자라도 신념을 끝까지 지켜주길 바라는 것 같아."

인성이가 대답했다.

"신념을 지킨다는 건 참 어려운 것 같아요. 게다가 그 당시는 목숨까지 내놓아야 하니까요. 그러고 보면 소크라테스 아저씨는 정말 대단한 것 같아요. 그러니 4대 성인의 반열에까지 오른 것 아닐까요. 예수도 십자가에 못이 박혀 목숨을 내놓았고……. 자신의 모든 걸 걸고 신념을 지킨다는 건 아무나 할 수 있는 일은 아닌 것 같아요. 사실 저도 그 자리에 있었다면 도저히 못했을 거예요. 당장 제 생각을 거둬들였을 것 같네요. 죽어버리면 아무것도 못하잖아요. 그렇지만 다시 생각해 보면 목숨을 걸고 신념을 지켰던 사람들은 더 큰일을 한 거였네요. 참 세상 일은 아이러니컬한 것 같아요."

갈릴레오가 말했다.

"그래, 모든 걸 걸고 신념을 지킨다는 건 아무나 할 수 없는 일이야. 나는 천체망원경으로 관찰한 후 확신을 가졌지. 그래서 지동설을 확인했던 사실 때문에 로마교황청이 날 가만히 두지 않았어. 결국 나는 1633년에 종교 재판을 받았지. 그때 나는 내 주장을 거둬들이고 목숨을 구한 대신에, 절대로 지동설을 주장하지 않을 것을 약속했지. 나는 그 자리에서 무릎을 꿇은 셈이지."

인성이가 가느다랗게 한숨을 내쉬었다.

"왜 그렇게 세상은 벽이 높을까요? 누군가 그 시대와 맞서는 생각을 말하면 그렇게 잡아가고, 목숨까지 위협하는지 모르겠어요. 결국은 지동설이 맞는 거였잖아요. 지금의 시각으로 보면 정말 엄청난 코미디 같아요. 믿을 수 없을 정도로."

갈릴레오가 말했다.

"그 당시 시대의 사람들은 천동설을 굳게 믿었지. 지동설은 가당치도 않는 이야기였어. 모두들 헛소리하지 말라는 분위기였지. 아니 그보다 더 신성모독으로 잡혀가는 신세였지. 시대를 앞서나가는 일은 그만큼 어려운 거야. 많은 사람이 한 사람을 바보나 미치광이로 만들 수가 있지. 그래서 다수가 반드시 옳은 것만은 아닌 셈이지."

인성이는 고개를 끄덕끄덕했다. 세상을 변화시켜 나가는 건 그만큼 어려운 것 같았다. 하지만 그런 사람들이 있었기에 인류는 발전을 거듭해올 수 있었던 것이 아닐까. 인성이는 앞으로 나아간다는 사실이 인류에게나 자신에게나 참으로 어려운 일이라는 것을 깨달았다.

_ 코페르니쿠스적 전환

인성이는 갈릴레오에게 물었다.

"그런데 갈릴레오 아저씨. '코페르니쿠스적 전환'이라는 말을 제가 들은 적이 있어요. 코페르니쿠스 아저씨 이야기를 듣고 나니, 문득 생각나는군요. 독일의 철학자인 칸트 아저씨가 그 비유를 사용했다는 데, 맞나요?"

갈릴레오가 말했다.

"칸트는 1724년에 태어났다가 1804년에 생을 마감했으니, 19세기 초에 떠났지만 18세기 사람이라 나의 다음 시대 사람이지. 게다가 그는 독일의 철학자였어. 사실 내게서 칸트 이야기를 듣는 것보다는 니체에게서 들었어야 했는데, 어쨌든 칸트가 그 비유를 말했던 건 유명한 이야기지. 칸트는 17세기의 합리론과 경험론을 비판하고 종합한 철학자로 기념비적인 인물이지. 칸트는 『순수이성비판』이라는 책에서 자신의 인식론을 '코페르니쿠스적 전환'이라고 이름 붙였어. 한 마디로 자신의 이론이 코페르니쿠스의 지동설만큼 쇼킹하다는 거야. 과학적 인식의 근거를 객관이 아닌 주관으로 이전시켰다는 점에서 천문학상의 코페르니쿠스의 지동설과 동격의 의미를 갖는다는 것이지."

인성이가 살짝 인상을 찌푸렸다.

"아, 머리 아파요. '순수이성비판'이라는 말만 들어도 머리가 아픈 것 같아요. 굉장히 어려운 말이네요."

갈릴레오가 대답했다.

"그래, 인성아. 어려운 말을 굳이 이해하려고 할 필요는 없어. 세상에 누구나 어떤 용어를 다 알아야 할 필요는 없거든. 그냥 칸트가 그런 비유를 했다는 것만 알아두면 되지. '코페르니쿠스적 전환'이라는 말이 그런 천지개벽할 만한 정도의 변혁을 말한다는 것 정도만 알아두면 되겠지."

인성이가 말했다.

"천동설은 그런 것 같아요. 신이 만든 인간이 살고 있는 지구가 중심이 되어야 하는데, 지구가 모양 빠지게 태양을 중심으로 움직인다는 게 그 당시 중세적 세계관으로는 인정하고 싶지 않았던 것 같네요."

갈릴레오가 대답했다.

"그렇지. 신이 인간보다 더 높은 가치에 있던 중세 시대에는 신을 조금이라도 부정하는 일은 신성모독으로 취급되었지. 인간이 스스로를 신보다 더 중심에 두는 건 17세기 계몽주의 시대에 와서부터였지. 인간은 왜 자신을 그렇게 중심에 두는 걸 두려워했던 것일까. 홀로서기는 그만큼 어려운 셈이지."

인성이가 또 물었다.

"그런데 경험론과 합리론의 문제는 참 어려운 것 같아요. 어느 편이 정답일까요? 인간의 경험을 중시하느냐, 경험 전 인간의 이성을 중시하느냐의 문제에서 전 이걸 학교에서 배울 때마다 어느 쪽이 더 맞을까를 생각해봤어요."

갈릴레오가 설명했다.

"어떤 집을 지을 때 이론적으로 건축을 배우지 않은 사람이 경험만으로 집을 짓는 것과, 경험이 전혀 없는 사람이 이론만 갖고 집을 지을 때 어느 편이 더 나을 것 같아?"

인성이가 대답했다.

"뭐가 나을까요? 제가 생각할 때에는 그래도 집을 무수히 지어보았던 경험이 있는 사람이 집을 더 잘 지을 것 같아요. 집을 한번도 실제로 지어본 적이 없는 사람이 이론만으로 집을 짓는다고 생각하는 건 상상이 잘 안 되네요."

갈릴레오가 말했다.

"질문의 틀을 벗어나 봐. 그 두 사람이 협동해서 집을 짓는다고 생각해 봐. 집을 지어본 경험이 많은 사람과 건축학 이론으로 완전 무장한 사람이 함께 집을 짓는다면 서로의 부족한 점을 보완하면서 더 잘 지을 수 있지 않을까?"

인성이가 말했다.

"'어느 것이 나을까?'라는 양자택일에서 잠시만 벗어나도 정답이 나오는 것 같네요. 역시 조금만 생각을 달리해도 새로운 관점이 생기네요. 아하, 그래서 칸트 아저씨가 경험론과 합리론을 종합해서 자신의 철학을 완성한 거였군요."

갈릴레오가 말했다.

"아주 쉽고 간단하게 말하면 그런 셈이지. 경험론이 맞다, 합리론이 맞다로 서로 힘을 겨룰 때 그 두 가지 관점을 모두 비판하고 종합해버린 사람이 위너인 셈이지."

인성이가 갑자기 깔깔거리면서 웃었다.

"그런데 갈릴레오 아저씨. 과학자인 아저씨와 칸트 아저씨 이야기를 할 줄은 몰랐네요. 과학자에게서 철학자 이야기를 듣는 건 신선한 경험인데요."

갈릴레오도 웃으면서 대답했다.

"인성아, 고정관념을 깨보렴. 원래 철학 속에 과학이 있었어. 철학이 모든 학문의 시작이라는 이야기는 들어보았지? 그리고 또 하나 비밀을 알려줄까? 칸트보다 먼저 태어났다가 가버린 내가 칸트 이야기를 할 수 있는 건 바로 '여기'이니까 가능한 것이지."

갈릴레오는 쉿-하는 시늉으로 입술에 손가락을 갖다 대면서 조용히 말을 마쳤다.

인성이는 문득 갈릴레오가 말한 '여기'라는 말에 심장이 쿵-하는 것처럼 놀랐다. 그래, 맞다. 지금 인성이가 있는 '여기'는 도대체 어디일까. 인성이는 속으로 생각했다.

'그렇지. 잠시 잊고 있었지만, 나는 집으로 돌아가는 길을 찾고 있었지. 여기는 도대체 어디란 말인가. 그리고 벌써 여섯 번째 문으로 들어왔지만, 왜 내게 집으로 가는 길을 정확하게 가르쳐주는 사람은 없는 걸까. 이러다가 영영 집으로 돌아가지 못하는 건 아닐까.'

이런 생각을 하고 있으려니 인성이의 표정이 어두워졌다. 갈릴레오는 인성이가 갑자기 우울해진 것을 알고 물었다.

"인성아, 왜 갑자기 그렇게 슬픈 표정을 짓는 거니?"

인성이가 겨우 대답했다.

"갈릴레오 아저씨, 저는 사실 집으로 돌아가는 길을 알기 위해 이 문들을 두드리고, 그 해답을 찾고 있었어요. 그런데 가만히 지금 생각해 보니 제게 집으로 돌아가는 길을 가르쳐 주었던 사람은 아무도 없었어요. 갈릴레오 아저씨가 방금 이야기했던 '여기'라는 말이 너무 가슴에 와 박혔어요. 도대체 '여기'는 어디죠? 어디일까요? 저는 열 번째 문을 다 열고서도 집으로 돌아가는 길을 알아내지 못한다면 어떻게 되는 걸까요? 갑자기 이런 두려운 감정이 들어서 우울해지네요. 왜 저는 '여기' 와 있는 걸까요?"

갈릴레오가 대답했다.

"인성아, 그 이유는 스스로 알게 될 거야. 아직도 남은 문이 세

개나 있지 않니? 똑같은 사실이라도 세 개의 문밖에 안 남았다는 생각보다는, 아직도 세 개의 문이나 남아 있다고 긍정적으로 생각하는 게 더 희망적일 거야. 그리고 이렇게 긍정적으로 생각해야 에너지가 넘칠 테고. 부정적인 생각은 에너지를 소모시킬 뿐이야."

인성이가 고개를 세차게 가로저었다.

"그러나 갈릴레오 아저씨. 정말로 열 개의 문이 열릴 때까지 제가 아무런 해답도 못 찾으면요? 어떻게 될까요? 저는 아무리 긍정적으로 생각하려고 해도 그렇게 되지 않네요. 너무 '희망 고문' 하시는 건 아닐까요? 계속 '괜찮다, 긍정적으로 생각해라'라고 말한다고 해서 정말 실제로 그렇게 이뤄질까요? 아무리 말대로 이뤄진다고 하지만, 반드시 그렇게 되리라는 보장은 없잖아요."

갈릴레오가 말했다.

"확률은 반반이야. 네가 집으로 갈 길을 찾는 경우와 아닌 경우. 그런데 왜 부정적인 생각으로만 무게 중심을 두는 거니? 그럼 네 안에 있던 에너지가 힘을 발휘하지 못하고 자꾸만 가라앉게 되지. 그럼 더 좋지 않은 영향만 끼치는 셈이야."

인성이가 대답했다.

"그렇지만 지금까지 보면 알잖아요. 지금까지 일곱 개의 문을 열었어요. 그러나 아무도 제게 집으로 돌아가는 길을 가르쳐주진 않았어요. 지금 열 개 중 일곱 개의 문이 열렸다구요. 그러니까 전적을 보면 미래를 예측할 수 있지 않을까요?"

갈릴레오가 집게손가락을 좌우로 가로저으면서 이렇게 말했다.

"인성아, 비록 아홉 번째 문까지 다 열렸지만 네가 집으로 가는 길을 못 찾았다하더라도 마지막 열 번째 문이 열려서 그 해답을 찾는다면 다 된 것 아니니? 그러니 절망하기엔 너무 이른 것 같은데. 인생도 마찬가지야. 아홉 번 시도를 해봐서 안 된 사람도 열 번째 될 수 있는 거지. 성공한 사람들이 다 그런 거야. 그들이 처음부터 다 성공했다고 생각하니? 백 번 시도를 했다가 다 실패를 했던 사람이 백한 번째 다시 시도를 해서 성공한다면 사람들은 그를 성공한 사람으로 기억하지, 패배자로 기억하지 않아. 하지만 똑같이 백 번째까지 시도를 했던 또다른 사람이 있다고 치자. 그 사람이 마지막 백한 번째 시도를 하지 않고 절망해서 주저앉아버리면 그냥 실패자가 되는 것이지. 결국은 포기하지 않는 사람이 성공하는 셈이야. 희망을 잃지 않는 사람이 위너인 것이지. 그리고 세상에 공짜는 없어. 실패하면서 강해지는 것이지. 성공한 사람이 왜 대단한 줄 아니? 그 실패의 순간을 다 견뎌낸 사람이기 때문이야. 심리적으로 얼마나 위축되겠니. 그리고 절망하겠지. 또한 실패를 할 때에는 자기 자신이 쓰레기 같다는 생각을 할 때도 있겠지. 하지만 그런 자신을 격려하고 다시 또 시도하는 것이지. 그렇게 자신을 강하게 단련시켜 가면서 성공의 열매를 맺는 거지. 그래서 어느 분야에서나 성공한 사람들은 대단한 거야. 남이 봤을 때는 그 결과만 보이지만, 거기까지 도달하기 위해서는 수많은 실패와 도전을 거친 거야. 그러니 성공하기 위해선 끊임없이 일어서야 해. 그건 희망고문과는 다른 거지. 스스로 일어서는 거니까. 스스로 단련하는 거니까. 누군가의 약속이 아니라, 스스로 자신과의 싸움이니까 말이야."

그래도 인성이의 표정은 밝아지지 않았다.

"하지만 백한 번째도 실패를 하면요? 그리고 죽을 때까지 그 도전이 계속되다가 성공하지 못하고 죽게 되면요? 포기하지 않는다고 자기 인생에서 반드시 성공하리란 보장도 없잖아요. 마찬가지로 제가 열 번째 문을 연다고 해서 반드시 해답을 얻을 수 있으리라는 보장도 없죠. 만일 집으로 가는 길을 못 찾는다면요? 그 절반의 확률에서 나머지 경우라면 전 어떻게 하죠?"

갈릴레오가 대답했다.

"인성아, 길은 길로 이어져 있어. 별들도 모두 다 제 궤도대로 돌고 있지만, 때로는 궤도를 이탈해서 유성처럼 지구에 떨어지기도 하지. 그렇지만 생각을 달리해보면 그 이탈한 궤도도 또 다른 길인 셈이지. 모든 길은 다 길인 셈이야. 합리론과 경험론, 이 두 가지 막다른 골목에서 칸트가 종합해버리는 색다른 탈출구를 발견했듯이, 인생도 성공과 실패라는 두 가지 길만 있는 게 아니란다. 길은 또 길로 이어져. 성공이라고 생각했던 길도 실패의 길로 이어질 수도 있고, 당장은 실패라고 생각했던 길도 한참 더 가다 보면 성공의 길로 이어질 수 있는 거지. 이걸 인생의 위로라고 생각하지 마. 살아보면 다 알 수가 있는 거지. 누구나 오래 인생을 살다 보면 이런 삶의 이치를 깨닫곤 하는데, 그걸 깨닫고 나면 이미 너무 먼 길을 와버린 셈이지. 그러니까 먼저 살다간 사람들이 다음 세대들에게 이런 인생의 진리를 자꾸 이야기해주는 거야. 하지만 겪어보지 않은 사람들은 그저 실패자를 위한 위안이라고만 생각하는 거야. 나중에 알아서 무릎을 탁 치는 것보다는 미리미리 인생의 법칙을 안다면 더 힘차게 자신의 길을 갈 수 있겠지. 인생은 관점을 어디에 두느냐에 따라 새로운 길이 나올 수도 있고, 아닐 수도 있지. 막다른 골목에 맞닥뜨리더라도 관점을 바꾸면 새로운 길이 나올 수 있어. 그건 자신의 몫이지. 하지만 고정된 틀에 갇혀서 세상을 바라본다면 막다른 골목에 이르렀을 때, 그 벽은 자신이 뛰어넘을 수 없는 큰 장애물이 되어 갈 길을 막아버리지. 인성이 너도 열 번째 문에 들어섰을 때 너의 관점에 따라 그 결과는 달라지겠지. 또 다른 길을 찾을지, 거기서 주저앉을지, 아니면 해답을 찾게 될지 그건 알 수 없는 일이야. 따지고 보면, 이 세상에 막다른 골목은 없어. 진정으로 그래. 눈만 돌리면 돼. 생각의 눈을 돌려봐."

인성이는 갈릴레오의 길고 긴 이야기에 힘이 생기는 것 같았다. 그렇다. 한번 해보는 거다. 어차피 가야 하는 길이라면 긍정적 에너지로 가봐야 할 것 같았다. 만약 끝까지 집으로 가는 길을 못 찾는다면 또 새로운 길을 찾아서 가봐야겠다는 생각이 들었다. 못할 것도 없었다. 가면 가는 것이다. 다른 건 다 못해도 포기하지 않는 걸 재능으로 삼아야겠다는 생각이 들었다. 인성이는 자신의 재능을 '좌절하지 않는 것'으로 키워보자고 결심했다. 이제까지 자신에겐 남들보다 뛰어난 재능이 하나도 없다고 생각했던 적도 있었는데, 이렇게 마음먹으니 이제 자신도 재능이 생긴 것 같아 기분이 좋아졌다. 포기하지 않는 재능도 아름다운 선물인 것 같았다. 이런 생각을 하다가 문득 이젠 또 다른 문을 향해 나아가야 한다는 것을 어렴풋이 깨달았다.

"갈릴레오 아저씨, 이젠 우리가 헤어져야 할 때인 것 같네요."

갈릴레오도 말했다.

"그래, 인성아. 이젠 네가 떠나야 할 순간인 것 같구나. 행운을 빈다. 파이팅하길!"

이렇게 인성이는 갈릴레오와 아쉬운 작별인사를 나누면서 다음 문을 향해 길을 떠났다. 이제는 긍정의 에너지 덕분에 조금의 절망감도 머무를 틈이 없었다. 인성이는 에너지를 잔뜩 품은 채 길을 나섰다.

THE GATE VIII
앨리스

　인성이는 마치 충전이 잔뜩 된 건전지처럼 에너지가 충만하여 부지런히 길을 걸었다. 이젠 좀 더 능동적으로 집으로 돌아가는 길에 대해 질문해보기로 했다. 이윽고 또 하나의 문이 나타났다. 이번 문은 마치 여러 장의 카드로 만들어진 것 같았다. 인성이는 이제 또 어떤 아저씨가 문을 열어줄지 궁금했다. 그래서 힘차게 문을 두드렸다.

　"똑! 똑!"

　문은 보기에는 카드처럼 생겼지만, 재질은 나무였다. 좀 단단하지만 부드러운 느낌이 나는 호두나무 같았다. 인성이는 집에 있는 식탁과 같은 재질의 나무라는 것을 알았다. 월넛의 고유한 부드러움이 전해져 왔다.

　이윽고 문에서 인기척이 났다. 뭔가 좀 가벼운 발걸음 소리가 들리더니 문이 열렸다. 그러자 누군가 작은 몸집이 나타났다. 인성이는 깜짝 놀랐다. 이번엔 아저씨가 아니라, 작은 소녀였기 때문이다. 인성이보다 조금 더 어려 보이는 여자아이였다. 놀라서 입을 다물지 못하고 있는 인성이를 보고 그 소녀가 자기소개를 했다.

"안녕, 난 앨리스라고 해!"

소녀의 청아한 목소리가 들려왔다. 인성이는 정신이 번쩍 들었다.

"아, 나는 인성이라고 해. 조인성. 나는 집으로 돌아가는 길을 찾고 있어. 그런데 앨리스라면 내가 알고 있는 그 이상한 나라의 앨리스 맞니?"

인성이는 앨리스라는 이름을 듣자, 루이스 캐럴이라는 작가가 썼던 '이상한 나라의 앨리스' 동화가 떠올랐다. 그 앨리스밖에는 아는 사람이 없었기 때문이다. 그러자 앨리스는 깔깔거리면서 소리 내어 웃었다.

"그럴 줄 알았어. 네가 그렇게 말할 것 같았어. 그래, 나는 '이상한 나라의 앨리스' 동화에 나오는 그 앨리스이기도 하고, '엉망진창 나라의 앨리스'라는 책에 나오는 앨리스이기도 해. '엉망진창 나라의 앨리스'는 존 켄드릭 뱅스라는 작가가 쓴 책이야."

인성이는 '엉망진창 나라의 앨리스'는 처음 들어봤다. 참으로 앨리스가 많구나, 하는 생각을 했다. 그러자 약간 멍한 표정의 인성이를 보던 앨리스가 말했다.

"자, 어서 들어와. 어떤 앨리스든 무슨 상관이겠니. 세상에 앨리스가 얼마나 많다고."

인성이는 다시 정신이 번쩍 들어서 앨리스를 따라 들어갔다. 그러자 마당으로 토끼 한 마리가 뛰어갔다. 동화책에서 보던 그대로였다. 그래서 인성이가 말했다.

"어랏, 토끼네. 하얀 토끼. 동화와 똑같네. 저 토끼를 따라가면 이상한 나라에 갈 수 있는 거니?"

앨리스가 또 까르르 웃었다.

"아냐, 엉망진창 나라로 가게 될 거야."

인성이는 앨리스의 손을 잡고 토끼를 따라 구멍 속으로 들어갔다. 그곳에는 모자 장수가 기다리고 있었다. 모자 장수는 인성이와 앨리스를 보자, 소리쳤다.

"안녕, 얘들아! 엉망진창 나라에 온 것을 환영한다!"

한 손에 모자를 벗어들고 허리를 굽힌 채, 멋진 모습으로 인사를 했다. 그러자 앨리스가 인성이 귀에 대고 작은 목소리로 소근거렸다.

"인성아, 저 모자 장수를 조심해야 해. 이 엉망진창 나라를 지상 낙원으로 만들겠다고 시장이 되었는데, 완전히 자기 마음대로 하고 있거든. 이제 우리에게 이래라, 저래라 온갖 간섭을 할지도 몰라."

인성이는 조금 겁을 먹었다. '이상한 나라의 앨리스'에선 모자 장수가 그렇게 힘이 막강하지는 않았는데, 엉망진창 나라에선 이곳을 다스린다니 어떤 사람일지 가늠이 안 되었다. 그래서 인성이는 앨리스에게 물었다.

"앨리스, 언제 모자 장수가 저렇게 힘을 가지게 된 거야? 어떻게 자기 마음대로 할 수 있지? '이상한 나라'에서는 그렇지 않았잖아."

앨리스가 재빠르게 쫑알거리듯이 대답했다.

"응, 뱅스 아저씨가 '이상한 나라의 앨리스'를 패러디한 것이 '엉망진창 나라의 앨리스'이거든. 그 속에선 모자 장수를 독재자로 패러디해놓았어. 이 엉망진창 나라는 모자 장수의 머릿속에서 발명된 곳이지."

인성이는 뭔가 잘못된 곳으로 들어온 것 같았다. 이제까지 모든 문을 열었지만, 이렇게 불편한 아저씨가 있는 곳은 처음이었다. 하지만 앨리스가 옆에 있어줘서 그나마 다행인 것 같았다. 인성이는 정신을 바짝 차리려고 애썼다. 호랑이굴에 잡혀가도 정신만 차리면 산다는 속담도 있지 않은가. 인성이는 모자 장수를 찬찬히 훑어봤다. 모자 장수는 앨리스와 인성이가 속닥거리는 것도 신경 쓰지 않고, 혼자 들떠서 떠들어댔다.

"자, 얘들아. 이곳은 내가 세운 도시야. 내가 시장인 것이지. 너희들에게 천국 같은 세상을 소개하마. 이곳은 모두가 평등한 곳이란다."

인성이는 '천국 같은 세상'이라는 말에 안도를 좀 했다. 그렇게 좋은 세상을 만들어준다는데 모자 장수를 괜히 두려워했나 싶었다. 그래서 앨리스에게 속닥거렸다.

"앨리스, 네가 말한 것처럼 그렇게 나쁜 사람 같아 보이지는 않는데? 모자 장수 말이야."

그러자 앨리스가 다시 인성이의 귀에 대고 속삭였다.

"저 모자 장수의 말을 끝까지 한번 들어봐. 다 듣고 나면 너도 깜짝 놀랄 걸."

_ 모자 장수가 다스리는 지상낙원

인성이는 다시 모자 장수가 떠드는 소리에 귀를 기울였다. 모자 장수는 앨리스와 인성이는 아랑곳하지 않고 계속 자기 할 이야기만 떠들어대고 있었다.

"그러니까 거리의 자동차, 하수구, 도로, 극장, 전기, 마차, 개, 고양이, 카나리아, 호텔, 이발소, 사탕가게, 모자, 우산, 빵집, 음식점, 가게 할 것 없이 이 모든 것이 시의 소유가 된 거지. 이제 칫솔부터 요트에 이르기까지 개개인의 것은 하나도 없어지게 되었고, 결과적으로 모두가 행복해졌단 말씀이지."

이렇게 모자 장수가 떠들어대자, 앨리스가 다시 속삭였다.

"저 이야기는 뱅스 아저씨의 『엉망진창 나라의 앨리스』에서 모자 장수가 한 말 그대로야. 너한테 똑같이 이야기하고 있는 거야."

인성이가 대답했다.

"어쨌든 모자 장수의 정체가 점점 나오고 있는 것 같아. 모두의 것이 되면 내 것이 없어지는 거잖아. 그런데 과연 행복해질 수 있을까?"

앨리스가 바로 대답했다.

"내 말이 바로 그렇다는 거지. 나는 나만의 칫솔을 갖고 싶어."

이번에는 모자 장수가 앨리스의 마지막 말을 들은 것 같았다.

"기존 체제에서라면 그게 당연한 일이지. 치아가 자기 소유인 사유재산 체제 하에서는 누구든 자기 칫솔을 갖고 싶어 할 테지. 하지만 우리가 만든 도시의 의회에서는 치아를 공공재로 하는 법안을 막 통과시켰단다. 너도 알다시피 치아가 있는 사람이 있는 반면, 치아가 없는 사람도 있지 않니? 민주주의 사회에서 누군가는 갖고, 누군가는 못 가진다는 건 분명 불평등 요소라 할 수 있지. 이는 특정 계층에게만 특권을 부여하는 것과 같아. 하지만 미국의 독립선언문에 따르면 모든 사람들은 절대적으로 평등해야만 한다고! 튼튼한 치아를 가진 사람은 원할 때마다 단단한 견과류를 깨 먹을 수 있는 반면, 치아가 없거나 약한 이들은 견과류를 먹을 때 제대로 씹을 수가 없으니 꿀꺽 삼켜야 할 게 아니겠어? 그렇게 되면 소화가 잘 안 되어 끙끙 앓거나, 아니면 아예 견과류를 못 먹게 되는 사태가 생기는 거지. 이거야말로 불평등한 일이라고! 안 그래?"

여기까지 모자 장수가 떠들어대자, 앨리스가 또 속삭였다.

"여전히 『엉망진창 나라의 앨리스』에서 한 이야기를 똑같이 하고 있어. 저건 『엉망진창 나라의 앨리스』의 38쪽에 있는 대사와 똑같네. 늘 말도 안 되는 이야기를 항상 자신이 옳다는 식으로 이야기하는 데 질려버렸어."

인성이도 모자 장수의 이야기가 말이 안 된다고 생각했다. 모두가 행복한 세상을 만들겠다는 생각은 좋지만, 자기 것이 없다는 건 별로 행복할 것 같지 않았다. 인성이는 자기가 몹시 아끼는 볼펜도 남들과 공용으로 사용하면 불행할 것 같았다. 인성이가 모자 장수에게 물었다.

"절대적인 평등이 정말 사람들을 행복하게 해줄까요?"

이 질문을 받자, 모자 장수가 인성이를 꾸짖었다.

"인성아, 네가 뭘 잘 몰라서 그러는데, 평등한 세상이 지상낙원이야. 네가 너무 기존의 체제에 길들여져 있어서 평등한 세상의 행복을 모르는 거야. 너는 다른 사람의 행복을 빼앗는 못된 체제에 너무 빠져 있구나. 어서 거기서 나와야지. 정신을 차려야 해. 정신 차려, 이 친구야!"

인성이는 모자 장수가 이렇게 호통을 치자, 오히려 더 정신을 차릴 수가 없었다. 무조건 자기가 옳다고 말하는 모자 장수의 말

에 점점 더 믿음이 없어져갔다. 그렇지만 모자 장수가 혹시 집으로 돌아가는 길을 알고 있을지도 모르겠다는 생각이 들었다. 그래서 모자 장수에게 그 방법을 물어보기로 했다.

"모자 장수 아저씨, 제가 지금 집으로 돌아가는 길을 찾고 있거든요. 혹시 아저씨는 알고 있으세요?"

그러자 모자 장수가 껄껄 웃으면서 이야기했다.

"인성아, 가긴 어딜 가니. 여기가 바로 너의 집이야. 이 지상낙원을 두고 도대체 어디로 가겠다는 거니. 모두가 평등하고 행복한 이곳에서 영원히 사는 거야. 너의 집은 바로 여기란다. 그러니 넌 벌써 집으로 가는 길을 찾은 셈이지. 이곳이 너의 집이란다!"

모자 장수의 이 말을 듣자, 인성이는 울음을 터뜨릴 뻔 했다. 평생 동안 모자 장수의 지상낙원 설교를 들으면서 살고 싶지는 않았다. 또한 칫솔 하나 자기 것이 없는 세상이 인성이에겐 지상낙원일 리도 없었다. 인성이가 거의 울먹거리면서 말했다.

"모자 장수 아저씨, 그러지 마시고 혹시 진짜 집으로 가는 길을 알고 계시면 좀 알려주세요. 이곳은 제 집이 아니에요."

듣고 있던 앨리스가 인성이를 다독였다.

"인성아, 모자 장수에게 바랄 걸 바래. 모자 장수는 자기가 다스리는 이곳이 지상낙원이라고 믿고 있는 사람이야. 저런 사람이 어떻게 그 길을 알려줄 수 있겠니. 너 스스로 찾는 게 더 빠를 거야."

_ 집으로 가는 길

인성이는 앨리스에게 조용히 물어보았다.

"모자 장수가 이곳을 그래도 잘 다스리고 있는 거니?"

이 질문이 떨어지자마자, 앨리스가 고개를 절레절레 흔들었다.

"아니야. 말만 저렇게 번지르르하게 하지, 하는 일마다 엉망진창이 되고 있어. 달리 '엉망진창 나라'라고 하겠니. 건드리는 일마다 이름 그대로 엉망진창이 되고 있어."

인성이는 앨리스에게 말했다.

"그럼 우리 어서 이곳을 떠나자. 난 이런 엉망진창 나라에 있을 이유가 하나도 없을 것 같아. 그리고 자기만 옳다고 하는 사람의 말을 듣고 있는 건 너무 가슴 답답한 일이야."

앨리스는 한참동안 대답이 없었다. 인성이가 계속 앨리스를 쳐다보자, 그제야 앨리스는 입을 열었다.

"인성아, 그래도 여기에 우리는 잠시 머물러야 해. 달리 '엉망진창 나라의 앨리스'이겠니. 우리가 선택해서 이 나라로 들어왔으니, 제한된 시간만큼은 있어야 해."

인성이는 불만에 차서 얼굴이 어두워졌다.

"언제까지 참아야 하지? 난 저 모자 장수를 선택하지 않았는데도 그래야 해?"

앨리스가 대답했다.

"어디까지 가는지 한번 지켜보는 것도 중요하잖아. 사람들은 끝까지 가봐야, '앗, 뜨거!'라고 외치는 법이지. 그렇지 않으면 또 다른 모자 장수의 감언이설에 속아서 다시 엉망진창 나라에 살게 되는 거지 뭐."

인성이가 말했다.

"끝까지 가봐야 한다고? 그럼 다시는 집으로 돌아가는 길을 못 찾으면 어떻게 해? 엉망진창 나라에 이대로 갇혀버리면 어떻게 되는 거지? 끝까지 가는 걸 지켜보다가 우리도 같이 이곳에 갇혀버린다면?"

앨리스가 대답했다.

"그렇게까지야 되겠니? 사람들이 모두 다 바보는 아닐 테니까 말이야. 모자 장수 말을 끝까지 믿는 사람이 어디 있겠어? 다들 이젠 그 실체를 알게 될 거야. 저런 헛소리를 계속 믿는 사람들이 있을까?"

인성이는 앨리스의 이 말에도 은근히 걱정이 되었다. 한번 잘못된 신념을 가지면 거기서 헤어 나오기 힘들다는 이야기를 들은 적이 있었기 때문이다. 신념을 위해 목숨을 거는 건 위대한 일이지만, 그 신념이 잘못된 경우에는 많은 사람들이 다치게 될 수도 있다. 모자 장수 역시 자신의 신념에 푹 빠져 있는 것 같았다. 인성이는 모자 장수에게 말했다.

"모자 장수 아저씨, 아저씨는 정말 모두가 평등한 세상이 행복하다고 생각하세요?"

모자 장수가 빙그레 웃으면서 대답했다.

"당연하지! 나는 그런 세상을 만들기 위해 이 도시를 세웠단다. 이곳에는 예전에 있던 모든 개인 사유제는 퇴출하고, 시 공유제로 가려고 하는 거야. 모든 것이 시 소유가 되어서 누구나 평등해지는 거지."

인성이는 다시 물었다.

"모자 장수 아저씨, 인간에겐 본성이라는 게 있잖아요. 소유에 대한 마음도 인간의 본성 중 하나일 텐데, 인간이 과연 모든 걸 공유했을 때 진정으로 행복할 수 있을까요?"

모자 장수는 고개를 가로저었다.

"인성아, 인간이 본성대로만 살면 어떻게 하겠니. 좋지 않은 본성은 억압하고, 좋은 본성만 길러주는 게 더 나은 인간을 만드는 거지."

인성이가 다시 물었다.

"모자 장수 아저씨도 방금 말했지만, 좋은 본성을 길러주자는 거잖아요. 하지만 제가 생각할 때 공동 소유는 인간의 본성에 해당하지 않는 것 같은데요. 과연 인간은 자기 소유가 하나도 없을 때 행복할 수 있을까요? 진짜 행복을 느낄 수 있을까요? 가짜 행복을 진짜 행복이라고 믿으며 사는 건 아닐까요?"

모자 장수가 불쾌한 듯이 잠시 얼굴을 찡그렸지만, 다시 평정심을 되찾는 듯했다. 그리고 인성이에게 부드러운 목소리로 말했다.

"인성아, 소수가 더 많은 걸 소유하는 불평등보다는 모두가 평등하기 위해서 시가 모든 걸 소유하고 있는 게 더 나을 거야. 너는 아직 평등의 맛을 못 봐서 그런 거지."

인성이는 고개를 갸웃거렸다.

"사람은 자기 것이 있을 때 열심히 일할 수 있잖아요. 아무리 노력해도 내 것이 없다면 모두가 게을러지지 않을까요? 결국 엉망진창이 되어버리고 말 텐데요. 그리고 불평등한 건 그 격차를 줄여나가는 제도를 만들면 되지, 평등하게 만들기 위해 모조리 시가 소유한다는 건 말이 안 되는 것 같아요."

모자 장수는 계속되는 인성이의 질문에 더 이상 불쾌한 표정을 감추지 않았다. 그리고 이렇게 다그치듯 말했다.

"인성아, 너는 생각을 바꿔야 해. 새로운 세상이 오면 새 세상에 적응을 해야지. 아니면 너를 품고 갈 수는 없어. 너는 이제 아웃이야. 난 나를 따르는 사람들하고만 이야기를 하겠다."

인성이가 모자 장수를 쳐다보았다. 모자 장수는 자신의 신념을 지켜야 한다는 생각으로 눈빛이 불타올랐다. 모자 장수와 인성이의 대화를 가만히 듣고 있던 앨리스가 한 마디 했다.

"모자 장수 아저씨, 아니, 모자 장수 시장님, 저희는 이제 이곳을 떠나겠습니다. 더 이상 여기엔 못 있겠어요. 모자 장수 아저씨 맘대로 알아서 하세요. 하지만 시간이 얼마 없다는 걸 아세요. 모두가 언제까지나 참을성 있게 기다려주지는 않을 테니까요. 그리고 자기만 옳다는 생각이 이곳을 더 엉망진창으로 만든다는 걸 꼭 기억하세요!"

_ 카드로 만든 집

앨리스는 인성이의 손을 잡고 다시 그 구멍을 빠져나왔다. 그러고 나서 카드로 만든 집으로 인성이를 데리고 갔다. 카드로 만든 집은 아늑했다. 인성이는 역시 카드로 만든 소파에 앉아 안도의 숨을 내쉬며 이렇게 말했다.

"아, 앨리스야. 나는 영원히 거기에 있어야만 되는 줄 알고 정말 속으로 무척 마음 졸였어. 정말 좋은 타이밍에 잘 빠져나왔어. 아니면 계속 모자 장수의 헛소리를 듣고 있어야 했지 뭐야."

앨리스는 또 깔깔대면서 웃었다.

"인성아, 넌 왜 그렇게 겁이 많니? 게다가 혼자가 아니라, 내가 옆에 있었잖아. 하긴 모자 장수가 아이들까지 시의 소유라고 이야기한 적이 있었지. 뱅스 아저씨가 썼던 바로 그 『엉망진창 나라의 앨리스』에서 말이야. 그렇게 말했지."

인성이가 놀란 토끼 눈이 되어 말했다.

"뭐라고? 아이들까지 시의 소유가 된다고? 하긴 아까 전에 모든 것이 시의 소유라고 말했잖아. 칫솔까지 시의 소유인데, 아이들도 당연히 그렇겠지. 너무 끔찍했어. 난 내 칫솔이 없으면 절대로 이를 못 닦거든. 남이 쓴 칫솔로 이를 닦는 건 너무 불행해."

앨리스가 말했다.

"그래, 나도 역시 마찬가지야. 하지만 모자 장수는 그렇게 믿는 것 같아. 정말로 믿고 있는 것 같아. 모든 사람들이 행복한 세상을 만들겠다는 의지가 너무 강해. 하지만 모두가 불행해질 것 같은 이 느낌적인 느낌은 도대체 뭐지?"

인성이가 그 말을 받았다.

"정말 모자 장수 아저씨를 보면 잘못된 신념이 얼마나 무서운지 알 것 같아. 나는 신념이라는 게 항상 좋은 건지 알았어. 그래서 신념을 지키는 사람들이 대단한 줄 알았는데, 모자 장수 아저씨를 보니까 자기만 옳다고 여기는 신념은 여러 사람을 불행하게 만드는 것 같아. 아무나 막 신념을 가지면 안 될 것 같아."

앨리스가 대답했다.

"인성아, 현명하지 못한 사람이 신념을 가지는 건 오히려 세상에 해를 끼칠 수 있지. 그래서 사람은 현명해지기 위해서 책을 읽어야 하는 거지. 판단이 잘못되면 혼자가 아니라 여러 사람이 위험해져. 특히 판단력이 부족한 사람이 리더가 되었을 때에는 더욱 더 그렇지."

인성이가 약간 상기된 채로 물었다.

"그런데 왜 사람들은 판단력이 부족한 사람을 리더로 선택하는 걸까? 그게 안 보이는 걸까?"

앨리스가 또 깔깔댔다.

"이 바보야. 많은 사람들이 그렇게 현명하다면 현명한 리더가 왜 필요하겠냐. 개인은 자기 그릇만큼의 배우자를 만나는 법이고, 국민은 자기들 수준만큼의 리더를 갖는 법이라는 말이 있어. 리더를 잘못 뽑는 건 스스로의 잘못도 있는 것이지."

인성이는 바보라는 말에 기분이 상했다.

"그래서 다수결이 별로일 때도 있다는 거야. 판단력이 부족한 다수의 사람들이 판단력이 부족한 리더를 선택한다면, 판단력이 뛰어난 소수의 사람들은 선택의 여지없이 판단력이 부족한 리더를 맞이해야 하는 거잖아."

앨리스가 깔깔거리던 웃음을 다급하게 멈췄다.

"인성아, 그 말은 굉장히 위험할 수가 있어. 다수결이 모두 옳다는 전제를 갖고 있는 세상에서 다른 생각을 말하는 건 종교 재판소에 끌려가는 것처럼 대중의 심판을 받을 수 있지. 그건 모두가 천동설을 주장할 때 지동설을 주장하는 것과 비슷할 수도 있어. 다수가 옳다고 말하는 것에 대해 다른 생각을 말하는 건 같은 시대를 살아갈 때 굉장히 위험한 발언이지."

인성이가 놀라면서 말했다.

"그렇게 위험한 이야기인지는 몰랐어. 나도 그럼 갈릴레오 아저씨처럼 종교 재판소에 끌려가겠네. 아니지, 종교 재판소는 아닐지라도, 이젠 대중의 심판대에 서겠지. 하지만 난 소크라테스 아저씨처럼 목숨을 내놓고 내 주장을 펼칠 만큼 위대하지도 않아. 나도 갈릴레오 아저씨처럼 다시는 그런 말을 안 하겠다고 말을 할 수밖에 없겠지. 하지만 우리끼리 이야기인데, 그런 말을 해볼 수는 있잖아. 자기 생각을 말할 자유도 없는 건가."

앨리스가 대답했다.

"인성아, 너는 여전히 갈릴레오 아저씨가 살던 시대와 별로 변함이 없는 세상에 살고 있는 셈이야. 인간들은 여전히 고정관념으로 둘러싸인 벽 속에 갇혀 있지. 그리고 다른 생각을 말하면 위험한 인물로 낙인을 찍지. 소크라테스 아저씨가 그 시대에 젊은이들을 현혹하는 위험한 인물로 낙인 찍혔듯이, 또 갈릴레오 아저씨도 역시 그렇게 될 뻔 했고. 세상은 아무리 시간이 흘러도 변하지 않는 것들이 있지."

인성이가 말했다.

"하지만 그래도 인류는 앞으로 나아갔잖아. 이젠 소크라테스 아저씨의 위대함을 아는 거고, 갈릴레오 아저씨가 주장한 지동설이 맞는 것도 알고. 결국은 진실을 받아들이잖아. 그러니 아직은 희망이 있는 것 아니겠어?"

앨리스가 다시 깔깔거리는 웃음으로 돌아왔다.

"인성아, 그래 그렇게 긍정적으로 생각하는 게 정신 건강에 좋을 거야. 그렇게 생각해. 그나저나 너는 집으로 돌아가는 길을 못 찾아서 어떻게 하니? 나도 그걸 모르는데, 모자 장수도 몰랐고. 누가 과연 알려줄 수 있을까?"

인성이는 이제 문이 두 개밖에 남지 않은 것을 떠올렸다. 하지만 절망스런 생각은 들지 않았다. 길은 길로 이어질 테니까 말이다. 그런데 이 카드로 만든 집을 찬찬히 둘러보니, 소품들도 모두가 카드로 만들어져 있었다. 정말 신기해서 앨리스에게 물었다.

"이 집과 이 집 안에 있는 모든 물건들이 모두 카드로 만들어졌네. 참 신기해. 이건 무슨 의미가 있는 거지? 너는 카드를 좋아하니? 원래 그 사람의 공간을 보면 그 사람을 알 수 있다잖아."

앨리스가 재빨리 대답했다.

"그래, 맞아. 그 사람을 알기 위해선 그 사람의 책장에 꽂힌 책의 성격을 보거나, 그 사람의 공간을 보라는 말이 있지. 나를 최초로 탄생시킨 루이스 캐럴 아저씨가 수학자라서 그래. 카드와 수학은 어딘가 관련이 있지."

인성이가 말했다.

"아하, 그렇구나! 난 수학은 머리가 아프던데. 숫자와는 너무 안 친해. 난 의미 없는 숫자에겐 별로 관심이 안 생기는 것 같아."

앨리스는 말했다.

"인성아, 네가 살고 있는 곳의 교육 때문이지, 사실 숫자는 굉장히 매력이 있어. 그리고 숫자는 의미가 없는 게 아니야. 깊이 들어

가 보면 피타고라스라는 철학자는 수가 만물의 원리라고 했지. 작곡할 때에도 숫자의 연속이고, 컴퓨터도 사실은 숫자가 춤을 추는 리듬을 타는 거야."

인성이가 하품을 했다.

"아무리 그렇더라도 나는 이번 생은 숫자와는 별 인연이 없는 것 같아. 다시 태어난다면 숫자가 추는 춤에 나도 리듬을 타고 싶어."

_ 모든 것을 넘어서라

앨리스가 까르르 웃었다.

"이번 생은 아니라고? 그럼 인성이 너는 다음 생이 있다고 생각하니? 하긴 피타고라스 아저씨도 윤회론을 믿었대. 그래서 제자들에게 이렇게 말했다는 거야. 언젠가 다시 지팡이를 든 채 나타나다시 너희들을 가르치겠노라고. 신기하지? 수학자라면 이성적일 것 같은데 윤회 사상을 믿었다는 게 좀 어울리지 않는 것 같지? 하지만 피타고라스 아저씨의 시대에는 수학도 철학 안에 들어와 있었으니까. 피타고라스 아저씨는 우주가 직선이 아니라 커다란 원과 같다고 봤어. 그래서 계속 순환을 한다고 생각했지. 그래서 별들도 계속 같은 자리에 되돌아 온다고 믿은 거야. 그런데 그게 영원히 순환된다는 거지."

인성이는 앨리스의 이야기를 듣고 있다가, 무릎을 탁 쳤다.

"아, 생각났다! 니체 아저씨를 만났을 때 영원회귀에 대해 이야기를 들었는데, 비슷한 것 같아. 피타고라스 아저씨가 말했던 윤회론과 말이야. 영원히 순환된다는 게 같은 맥락이겠지?"

앨리스가 고개를 끄덕였다.

"그래, 나도 뭐 철학자가 아니라서 잘 모르겠지만, 생각의 꼬리를 물고 생각해 보면 다 관련이 있는 것 같아. 누군가 맨 처음 그생각의 씨앗을 품었다면, 또 그 다음 사람이 그 씨앗을 꽃 피우고 그런 것이겠지."

인성이가 말했다.

"난 솔직히 처음엔 피타고라스라는 이름을 들으면 수학 시간에 배웠던 피타고라스의 정리만 생각났어. '직각삼각형에서 직각을 끼고 있는 두 변의 제곱의 합은 빗변의 길이의 제곱과 같다'라는 이 공식 말이야. 그런데 피타고라스 아저씨가 윤회론까지 주장했다는 게 아주 신기하네. 그냥 피타고라스의 정리만 알았을 때에는 아무 생기도 없는 공식으로만 다가왔는데, 이제는 사람 냄새가 나는 것 같아. 신비하기도 하고. 그런데 뜬금없는 이야기 같지만, 피타고라스 아저씨는 지팡이를 들고 다시 제자들 앞에 나타났을까?"

앨리스가 이 말을 듣고 또 까르르 웃었다.

"인성아, 넌 그걸 믿니? 주장한 것과 사실은 다른 거잖아. 주장이야 누구나 할 수 있는 거고. 만일 피타고라스 아저씨가 다시 나타났다면 누군가 책으로 남겨 놓지 않았을까? 제자들 앞에 다시 나타났다면 기록으로 남겨 놓았을 거야. 그 중요한 이야기를 하지 않았을까. 예수는 십자가에 매달린 지 사흘 만에 다시 나타나니까 제자들이 그 기록을 남겨 놓았잖아."

이번엔 인성이가 깔깔 웃었다.

"앨리스! 그럼 예수가 다시 살아났다는 것을 믿는 거야? 그렇다면 피타고라스 아저씨도 설사 다시 나타났다고 하더라도 기록이 안 된 상태이면 어떻게 할 거야? 모두 다 기록할 거라는 보장도 없잖아."

앨리스는 난감한 표정을 지었다. 그리고 이렇게 말했다.

"모르겠어. 내 눈으로 본 것도 아니니, 이렇다, 저렇다고 확신해서 말할 수는 없겠지. 하지만 설사 내 눈으로 보았다고 하더라도 그걸 진짜라고 믿을 수 있을까? 세상에는 눈속임도 많으니까 말이야. 그래서 데카르트 아저씨는 이렇게 말했다지. 세상에 있는 것을 의심하라고. 자기 자신마저도 의심하라는 거야. 악마가 자기처럼 분장해 속일 수도 있다는 거지."

인성이가 놀라 물었다.

"그렇다면 이 세상에 남는 게 없겠네. 다 의심하면 그 다음에는 어떻게 하겠다는 거야? 그럼 나라는 존재도 의심하면 이 세상 모두가 가짜라는 거야?"

앨리스가 대답했다.

"그래서 데카르트 아저씨가 하나의 초석을 마련했지. 모든 것을 의심하지만, 의심하고 있는 자기 자신만은 진짜라고. 너도 들어봤을 거야. '나는 생각한다, 그러므로 나는 존재한다', 이 유명한 말이 그래서 나온 거잖아. 생각하는 나 자신은 존재하는 게 확실하다는 거지. 우리가 알고 있는 모든 것이 꿈에 불과하거나 악마가 우릴 속이고 있는 것일지 모르지만, 생각하는 나 자신은 확실하다는 거야. 너와 내가 대화하는 지금 이 순간도 가짜일 수 있지만, 네가 생각하고 있다면 그건 진짜인 것이지."

인성이가 고개를 절레절레 흔들었다.

"아, 좀 어려운 것 같아. 그렇지만 우리는 존재하니까 생각하는 것이 아닐까? 그런 생각이 드네."

앨리스가 답했다.

"그래, 그런 관점에서 데카르트 아저씨는 비판을 받았다고 해. 하지만 데카르트 아저씨는 의심을 방법, 즉 도구로 활용한 것뿐이지. '방법론적 회의'를 끝없이 한 끝에 철학의 출발점이 되는 제1원리에 도달한 거지. 그게 바로 '나는 생각한다, 그러므로 나는 존재한다.' 우리가 모든 것을 의심할 수 있고, 우리를 둘러싼 모든 것이 거짓이라고 해도 의심하는 우리 자신의 존재를 의심할 수는 없다는 거야."

인성이가 말했다.

"'데카르트는 근대 철학의 아버지'라고 학교에서 배운 것 같아. 합리론의 창시자라고 했던 것 같아."

앨리스가 인성이의 말에 재빨리 덧붙였다.

"화이트헤드라는 현대 철학자가 이렇게 말했대. 서양 철학은 플라톤에 대한 각주라고. 그리고 또 다른 철학자가 이렇게 말했대. 그렇다면 근대 유럽 철학은 데카르트에 대한 각주라고 말이야. 그만큼 서양 철학을 통틀어 대표적인 철학자가 플라톤이라면, 근대 철학에선 단연코 탑은 데카르트라는 이야기이지."

인성이가 눈을 지그시 감았다가 떴다.

"아, 플라톤 아저씨는 얼마 전에 만났지. 그런데 그렇게 대단한 분인 줄은 진짜 몰랐네. 그런 비슷한 이야기를 플라톤 아저씨가 해주시긴 했지만, 다시 들으니까 새삼 놀라워. 아참, 말이 나온 김에 플라톤 아저씨가 주신 알약도 잘 챙겨 먹어야지. 나도 더 현명해지려면 말이야. 그리고 데카르트 아저씨도 대단하신 분이구나. 그래서 근대 철학의 아버지라고 하는군."

앨리스는 인성이에게 말했다.

"인성아, 하지만 아무리 대단하다고 하더라도 또 그분을 넘어서는 사람이 나오곤 하지. 이론도 그렇고. 너도 학교 수업 시간에 배웠잖아. 합리론의 데카르트, 경험론의 베이컨, 그리고 칸트가 그 둘을 종합했다고."

인성이가 맞장구를 쳤다.

"아하, 그래. 맞아! 그렇게 자꾸 또 새로운 이론이 나오는 거지. 완벽한 것은 없나 봐. 또 넘어서고, 넘어서고, 그래서 발전이 있는 거겠지."

앨리스가 말했다.

"그래, 그래서 엉망진창 나라도 결국은 그 한계를 넘어서게 될 거야. 사람들은 항상 더 나은 상태를 원하니까. 그리고 정답을 찾으려고 노력을 하지. 꼭 해답은 아니더라도 좀 더 가까이 다가가려고 애쓰는 셈이지."

인성이는 대답을 했다.

"앨리스야, 기왕이면 『엉망진창 나라의 앨리스』를 썼던 뱅스 아저씨도 만났으면 했는데, 아직까지 못 만났군. 앞으로 과연 만나게 될까? 비록 만나지 못하더라도 집으로 돌아가면 꼭 그 책을 읽어 볼게. 그때 널 다시 만날 수 있겠지."

앨리스는 고개를 까닥까닥했다. 그리고 이렇게 말했다.

"인성아, 벌써 우리가 헤어질 시간이야. 너도 이젠 또 다른 문을 향해 가야겠지. 꼭 집으로 돌아가는 길을 찾길 바랄게. 안녕!"

앨리스는 인성이에게 작별 인사를 했다. 인성이도 앨리스에게 손을 흔들면서 인사를 했다. 그리고 인성이는 다음 문을 향해 나아갔다. 문득 이젠 두 번의 기회밖에 남지 않았다는 것을 깨달았다.

THE GATE IX
콜럼버스

　인성이는 앞으로 걸어나갔다. 이제 두 개의 문밖에 남지 않았다. 그런데 왜 아무도 집으로 가는 길을 가르쳐주지 않을까 하고 생각했다. 이제까지 자신의 생각이 성장한 것은 사실이지만, 달라진 건 없다. 여전히 알 수 없는 이곳에 불시착해 있고, 집으로 가는 길은 아직 모른다. 인성이는 이제부터 반드시 정신을 차리고, 집으로 가는 길에 대해 집중적으로 질문을 해봐야겠다고 다짐했다.

　저 멀리 문이 보이기 시작했다. 인성이는 걷고 또 걸었다. 한참을 걸어가 보니 문이 눈앞에 나타났다. 사막과도 같은 이곳에 문이 있다는 게 새삼스럽게 신기했다. 인성이는 문을 두드렸다. 이번 문은 누가 열어줄까. 또 기대가 되었다. 이윽고 사람 기척이 들리더니, 한 남자가 나왔다.

　인성이는 먼저 재빨리 인사를 하면서 자기소개를 했다.

"안녕하세요, 저는 조인성이라고 합니다. 대한민국이라는 나라에서 왔습니다. 저는 집에 있다가 갑자기 이곳으로 왔는데요. 지금 집으로 가는 길을 찾기 위해 여덟 번째 문을 두드리고 있습니다. 제가 집으로 가는 길을 알려주실 수 있을까요?"

남자는 인성이를 한참동안 아래위로 쳐다보았다. 그리고 말했다.

"나는 콜럼버스라고 한다. 나는 이탈리아의 제노바에서 태어났지만, 사람들은 나를 에스파냐 사람이라고 알고 있는 경우도 많지. 왜냐하면 에스파냐 왕국의 지원을 많이 받았기 때문이야."

인성이가 대답했다.

"아하, 콜럼버스 아저씨군요! 신대륙을 발견하신……. 실제로는 신대륙은 아니었지만, 어쨌든 아저씨군요!"

인성이는 학교 수업시간에 배웠던 콜럼버스의 달걀 이야기가 생각났다. 인성이가 말했다.

"콜럼버스 아저씨가 달걀을 세운 이야기를 알고 있어요. 아저씨가 신대륙 항해를 마치고 돌아왔을 때 파티를 열어주었는데, 사람들이 모두 아저씨를 시기했다면서요? 그래서 아저씨 업적을 인정해주기 싫어서 누구나 할 수 있는 일이라고 그랬다면서요?"

콜럼버스가 놀라면서 말했다.

"인성아, 네가 나에 대해 많은 걸 알고 있구나. 일단 안으로 들어오렴. 내가 그 이야기는 자세히 해주마."

인성이는 콜럼버스를 따라 안으로 들어갔다. 문 안에는 배처럼 생긴 건물이 있었다. 대항해를 했던 범선처럼 커다란 배같이 생긴 집이 서 있었다. 인성이는 그 안으로 안내되어 들어갔다. 집 안으로 들어가니, 바깥의 모습과는 달리 소파가 놓여 있는 거실이 나오고 평범했다. 콜럼버스가 인성이를 그 소파에 앉게 하고는 코코아를 끓여 나왔다. 인성이가 말했다.

"아, 제가 좋아하는 코코아네요. 어떻게 아셨어요? 제가 코코아를 좋아하는지!"

콜럼버스가 껄껄 웃었다. 그리고 이렇게 말했다.

"네가 좋아하는 코코아는 내가 신대륙을 발견해서 유럽에 전해져 사람들이 먹을 수 있었던 거지. 비록 나는 코코아 콩을 갖고 왔지만, 결국 덕분에 많은 사람들이 초콜릿과 코코아를 맛볼 수 있게 되었지."

인성이가 말했다.

"와, 정말 대단한 일을 하시긴 하셨네요. 그러니까 사람들이 더 시기한 것이 아니었을까요? 그들의 코를 납작하게 했던 달걀 이야기는 정말 들어도, 들어도 재밌는 이야기에요."

콜럼버스가 말했다.

"아하, 그 이야기! 내가 달걀을 세울 수 있는 사람이 있냐고, 그 파티에 모인 사람들에게 물었지. 하지만 아무도 세울 수 없었어. 난 삶은 달걀의 밑바닥을 조금 깨뜨려서 그 껍데기로 세웠지. 그랬더니 사람들이 또 누구나 할 수 있는 일이라고 비웃었지. 그래서 내가 말했어. 남이 하는 걸 모방해서 하는 건 쉬운 일이지만, 그걸 처음으로 하는 건 몹시 어려운 일이라고 말이야. 이 말을 듣더니 사람들이 모두 입을 다물고 말더구나."

인성이가 콜럼버스의 이야기에 말을 덧붙였다.

"그게 바로 '발상의 전환'인 거죠. 콜럼버스 아저씨의 달걀 이야기는 요즘 우리에겐 발상의 전환의 한 상징적인 예로 잘 전해지고 있어요. 그런데 사람들은 왜 그렇게 잘난 사람을 시기하는 걸까요? 사람들에겐 그런 본성이 있는 것 같아요. 성공한 사람을 질투하는 것 말이에요. 하지만 가만히 보면 자기보다 월등히 성공한 사람들을 질투하진 않는 것 같아요. 자기가 따라잡을 수 있을 만한 사람을 시기하는 거죠. 완전히 차이가 나서 손이 가닿지 않는 대단히 성공한 사람은 찬양을 하고, 어쩌면 자기가 그나마 따라잡을 수 있는 것 같은 사람에겐 시기와 질투를 쏟아내죠. 인간의 본성 중에는 시기, 질투의 감정이 원래부터 탑재되어 있는 것 같아요."

콜럼버스가 어서 코코아를 마셔보라고 인성이에게 손짓을 했다. 인성이는 코코아를 한 모금 마셨다.

"아, 정말 진하네요. 제가 먹어본 코코아 중에서 제일 맛있는 것 같아요."

콜럼버스가 인성이의 이 말에 갑자기 슬픈 표정을 지었다.

_ 인디언과 카르마

콜럼버스의 슬픈 얼굴을 보자, 인성이가 놀라서 물었다.

"콜럼버스 아저씨, 왜 그렇게 슬픈 표정을 지으세요? 제가 뭘 잘못 말했나요?"

콜럼버스가 간신히 대답했다.

"아니야, 인성아. 네가 잘못한 것은 없어. 다만, 내가 신대륙을 발견해서 코코아를 전해줄 수 있어서 좋았다만, 정말 큰 죄를 지은 셈이지."

인성이는 '큰 죄'라는 말에 심장이 쿵- 하고 내려앉는 것 같았다. 사람은 죄를 짓고는 못 산다고 했는데, 그런 말을 어디서 들은 적이 있었다.

인성이가 물었다.

"도대체 무슨 큰 죄를 지었다는 거죠?"

콜럼버스가 고개를 숙인 채 말했다.

"인디언들에게 몹쓸 짓을 했어. 사실 그들을 인디언이라고 부르는 것도 미안한 일이지. 그들의 원래 이름은 따로 있는데, 내가 착각을 한 거야. 난 내가 도착한 곳이 인도인 줄 알았어. 아메리카를 인도라고 착각한 내 잘못이지. 졸지에 아메리카 원주민들이 인디언이 되어버리는 순간이었어."

인성이가 물었다.

"그럼 그들은 원래 어떤 이름으로 불렸나요?"

콜럼버스가 대답했다.

"그들은 스스로를 '홍인(the red man)'이라고 불렀지. 하지만 이제 인디언이라는 말이 너무 보편적이 되어버렸어."

인성이도 조금 슬픈 표정이 되어 말했다.

"정말 세상은 힘 있는 사람들의 법칙으로 돌아가는 것 같네요. 순식간에 홍인들은 자신의 땅을 빼앗겨버리고, 또 조상부터 살던 땅으로부터 쫓겨나고, 자기들을 부르는 이름마저 서양인들에 의해 정해지는군요. 이 세상은 약육강식이 맞는 것 같아요. 힘 있는 사람이나 힘이 강한 국가의 법칙만이 존재하네요. 영화에서 봐도 인디언들은 늘 백인들의 길 안내자 같은 역할밖에 못하고, 자기들이 살던 땅에서 엑스트라로 살아가는 것 같아요. 주인공은 백인들이고."

콜럼버스가 머리를 쥐어뜯으며 말했다.

"내가 죽일 놈이야. 내가 거길 발견만 안 했어도……. 그리고 사실 신대륙도 아니었어. 원래 있던 대륙을 우리 서양인들이 제멋대로 새로운 대륙으로 이름붙인 거였어. 원래 주인은 따로 있었는데 말이야."

인성이가 말했다.

"콜럼버스 아저씨, 너무 자책하지 마세요. 아저씨가 발견을 안 했어도, 그 누군가가 나중이라도 그곳을 찾았겠죠. 침략자들이 가

만히 두었겠어요? 그리고 콜럼버스 아저씨도 그 당시엔 이렇게 잘못을 뉘우치진 않았겠죠? 지금 이 자리에서나 이렇게 이야기하지, 안 그래요?"

콜럼버스가 얼굴이 빨개지면서 대답했다.

"네 말이 맞아. 그 당시에는 몰랐지. 그리고 이런 생각도 못했어. 하지만 세상을 떠나고 나니, 나의 지난 과거가 거울처럼 비쳐졌지. 그 업보(카르마)가 영원히 나를 따라다니길 시작했어."

인성이가 물었다.

"카르마가 뭔가요?"

콜럼버스가 대답했다.

"내가 인도 성자도 아니고 해서 내가 대답할만한 건 아니지만 말이야. 그래도 이곳에선 가능하지. 카르마란 자신이 전생에서 행했던 선악의 결과로 현생에서 받는 업보를 말하는 거야. 인과관계라고 보면 돼. 굳이 전생을 들먹이지 않더라도, 살아 있을 때도 카르마가 있는 셈이지. 인성이 네 눈높이에 맞춰 이야기해 보자면, 네가 평소에 이를 잘 안 닦으면 이가 썩지? 그래서 아프고 괴롭잖아. 그게 카르마인 셈이야. 과거에 자신이 행한 일이 다음에 결과로 오는 거야. 인간은 누구나 카르마에서 자유롭지 못해. 그걸 전생과 현생으로 나눠 생각해 볼 수 있지만, 전생을 믿지 않는 사람들에게도 해당되는 이야기야. 설사 전생이라는 게 없다고 하더라도, 자신의 인생을 살아갈 때 카르마에 우리는 갇히게 되지. 모든 건 인과관계에 의해 일어나잖아."

_ 예수와 유다의 얼굴

　인성이가 심각한 표정이 되어 말했다.

　"그렇군요, 콜럼버스 아저씨. 아저씨의 이야기를 듣고 보니, 정말 순간순간을 잘 살아야겠다는 생각이 드네요. 예전에 어느 선생님이 이야기해주셨는데, 사람이 마흔을 넘으면 자기 얼굴에 책임을 져야 한다더군요. 마흔이 넘으면 자기가 살아온 대로 인상이 나타난대요. 남을 괴롭히고 못된 생각을 해오면서 살아왔던 사람은 얼굴이 일그러져 있고, 선한 생각을 하면서 착하게 살아왔던 사람의 얼굴은 아주 훤한 달덩이처럼 된다고 하셨어요. 정말 그럴까요? 콜럼버스 아저씨는 저보다 오래 사셨으니까 아실 것 아닌가요?"

　콜럼버스가 손뼉을 탁 하고 쳤다.

　"어느 선생님이신지는 모르지만, 옳은 이야기를 해주셨구나. 나도 그 이야기가 맞다고 생각해. 생각하는 정도가 아니라 사실이지. 너도 정 못 믿겠다면 주변 어른들의 얼굴을 살펴보렴. 아무리 잘생긴 사람도 인상이 안 좋은 경우가 있잖아. 그리고 얼굴이 좀 못생겼더라도 항상 웃는 표정에 선한 에너지가 풍겨 나오는 사람이 있으면 정말 매력적이지. 사실 좋은 인상은 돈을 주고도 못 사는 거야. 그리고 당장 만들어지는 것도 아니고, 오랜 세월이 만들어낸 값진 자산이지. 사실 그렇게 오래도 아니야. 일 년만 선한 생각을 하고 살아도 인상은 바뀌게 되어 있어."

인성이가 갑자기 소리를 질렀다.

"앗, 콜럼버스 아저씨! 아저씨의 이야기를 듣다 보니, 예수와 유다의 얼굴을 그린 화가 이야기가 생각이 나요. 이것도 우리 선생님이 해주신 이야기예요. 〈최후의 만찬〉 그림을 레오나르도 다빈치가 교황청으로부터 주문을 받았대요. 예수가 십자가에 매달려 죽기 전에 열두 명의 제자와 최후의 만찬을 하는 성서 속 이야기를 그림으로 그려달라고 말이죠. 그런데 레오나르도 다빈치가 다른 인물은 다 그렸는데, 예수와 유다를 못 그렸대요. 그래서 모델을 찾던 중 예수와 닮은 정말 순수하고 선하게 보이는 젊은이를 발견해서 예수를 그렸다는 거예요. 그런데 그 후 몇 년 동안 예수만큼이나 중요한 인물인 유다의 얼굴을 못 찾았대요. 유다는 예수를 몇 푼 받고 팔아넘긴 비열한 제자인데, 그 얼굴을 가진 모델을 찾지 못했다는 거예요. 그러다가 어느 날, 정말 유다 같은 인상을 가진 사람을 찾아다니다 가장 악랄한 살인을 저지른 사형수를 결국 모델로 삼아 유다를 완성했는데, 알고 봤더니 예전에 예수의 모델이었던 바로 그 청년이었다는군요. 콜럼버스 아저씨가 인상에 대해 이야기하시니, 〈최후의 만찬〉 그림의 예수와 유다가 한 사람의 모델에서 나왔다는 사연이 팍 떠오르는군요."

콜럼버스가 말했다.

"그래, 아마 그 이야기가 사실인 것 같구나. 사람은 어떤 삶을 사는지에 따라 인상이 완전히 바뀌어서 다른 사람처럼 되어버리지. 마흔이 넘으면 정말 자신의 얼굴에 책임을 져야 해."

인성이가 맞장구를 쳤다.

"맞는 말씀인 것 같아요. 다들 성형수술을 해서 예뻐지거나 잘생겨질 생각을 하지 말고, 좋은 일을 많이 하면서 선한 인상을 만드는 게 중요한 것 같아요. 아무리 예쁘게 성형수술을 하더라도 마음을 잘못 쓰면 고약한 냄새가 나는 꽃 같거든요. 아무도 그 꽃 냄새를 맡고 싶지 않을 거예요. 썩은 냄새가 난다면 누가 그 꽃 가까이로 오겠어요. 인상이 정말 중요한 것 같아요. 하지만 사기꾼 중에는 선한 표정을 하는 사람이 많다는 말을 어디서 들은 것 같아요. 그건 어떻게 생각하세요? 콜럼버스 아저씨? 그럼 어떻게 구분을 하죠? 사기꾼이 선한 표정을 지으면서 좋은 사람인 척 하면 말이죠."

콜럼버스가 대답했다.

"인성아, 그건 걱정하지 마라. 사기꾼이 아무리 선한 표정을 지으면서 착한 사람인 척 연기를 해도 속일 수 없는 게 딱 한 가지 있단다. 바로 눈빛이야. 사람의 눈빛은 영혼의 거울과 같아서 그 느낌은 속일 수가 없단다. 지어낼 수도 없고 말이야. 아무리 흉측하게 생긴 얼굴이라도 마음이 착하다면 눈빛은 밝은 별처럼 빛나고 있을 거야. 그 사람이 어떤 사람인지 알고 싶다면 눈빛을 자세히 살펴봐. 그러면 그 사람의 인성이 좋은지 아닌지 그걸 눈치 챌 수 있지. 아무리 선한 표정을 지어도 눈빛에 악한 기운이 있다거나 잔인함이 느껴진다면 그 사람은 조심해야지."

인성이가 다시 물었다.

"하지만 그걸 잘 구분할 수 있을까요? 선한 눈빛인지 아닌지."

콜럼버스가 말했다.

"동물도 알 수 있잖아. 말을 못하는 강아지도 화가 났는지, 슬픈지, 즐거운지 그 눈빛을 보고 알 수 있듯이, 사람도 마찬가지야. 사람의 눈빛을 보면 속마음이 보이지. 얼굴 전체가 웃고 있어도 눈이 안 웃고 있으면 그 사람의 속마음은 웃는 게 아니지."

인성이가 말했다.

"아하, 그렇군요! 이제 저도 좋은 인상을 만들어야겠어요. 항상 선한 마음으로 살아야겠어요. 하긴 나쁜 마음을 품으면 스스로가 더 괴로운 법이죠. 그 독기가 자신의 마음을 썩게 하는 것 같아요. 남을 미워하면 자신이 오히려 더 망가지잖아요."

콜럼버스가 껄껄거리면서 말했다.

"인성아, 넌 이제 하산을 해야겠구나. 하하!"

인성이가 바로 대답했다.

"하하, 그럼 제가 하산할 수 있도록 집으로 가는 길을 콜럼버스 아저씨가 좀 알려주세요. 아저씨는 세계를 휘젓고 다니셨잖아요. 그러니 우리 집에 가는 길쯤이야 잘 알고 있을 거잖아요."

콜럼버스가 말했다.

"그럴까? 그럴 수도 있겠지. 인성아, 네가 집으로 돌아갈 수 있는 길은 말이야. 내가 지금 가르쳐줄 수는 없지만, 한 가지는 말해줄 수 있어. 넌 분명히 그 길을 찾을 거란 걸. 넌 열 개의 문을 다 열고 나서 반드시 찾을 거야. 내가 그것만은 네게 가르쳐줄 수 있단다."

인성이가 다급하게 말했다.

"아저씨, 콜럼버스 아저씨! 지금 제가 아홉 번째 문을 연 걸 아시는 거죠? 이제 하나 남았어요. 아직도 제가 집으로 가는 길을 모르고 있는데, 하나밖에 안 남은 문을 열고 나서 그걸 알 수 있다고요? 정말인가요? 믿어도 될까요?"

콜럼버스는 멋쩍은 표정을 지으며 이렇게 말했다.

"인성아, 네가 믿고, 안 믿고는 네 자유야. 하지만 내가 굳이 네게 거짓말을 할 이유가 어디 있겠니. 확률은 반반인데, 믿는 게 좋지 않을까?"

인성이가 말했다.

"확률이 반반일 때는 믿는 게 좋다, 어디서 많이 듣던 말인데요."

콜럼버스가 빙그레 웃었다.

"인성아, 넌 알게 될 거야. 집으로 돌아가는 길을. 그렇지 않으면 여기 계속 있어야 되는데, 아직 그러기엔 넌 때가 안 되었어."

인성이가 대답했다.

"정말 그럴까요? 그럼 다행이고요. 전 정말 집으로 돌아가고 싶거든요. 물론 아저씨들과 이야기를 이렇게 나누는 것도 좋긴 하지만, 제가 원래 있던 곳으로 돌아가고 싶어요. 언제까지 이렇게 떠돌아다닐 수는 없지 않겠어요? 저도 이제 집에 정착하고 싶다고요."

_ 돌고 돌면 제자리

콜럼버스가 이야기했다.

"인성아, 네가 집으로 가는 길을 애타게 찾으니까 하는 말인데, 희망을 가지라고 이야기를 하나 해줄게. 내가 살던 시대에는 말이지. 이 지구가 둥글다는 걸 믿는 사람이 거의 없었어. 많은 사람들이 지구는 네모이기 때문에 바다로 멀리 나가면 결국 떨어져 죽을 것이라고 생각했지. 하지만 나는 말이야. 그 당시 사람들과 다른 생각을 했지. 지구는 둥글기 때문에 자꾸 걸어 나가면 온 세상 어린이들을 다 만나는 게 아니라, 제자리로 돌아올 거라고 생각했지. 하하. 이게 유머인 줄은 네가 알까?"

인성이가 피식 하면서 웃었다.

"도대체 어느 타이밍에서 웃어야 하는 거죠? 어디가 유머라는 거예요?"

콜럼버스가 대답했다.

"넌 잘 모를 수 있겠지만, 이런 노래가 있지. 지구는 둥그니까 자꾸 걸어 나가면 온 세상 어린이를 다 만나고 오겠네."

인성이가 다시 피식 웃었다.

"그렇군요. 그 노래를 모르면 웃을 수가 없군요. 콜럼버스 아저씨가 별 노래를 다 아시는군요. 어쨌든 그래서 어떻게 됐다는 거죠? 계속 이야기해주세요."

콜럼버스가 고개를 끄덕끄덕했다.

"그래, 계속 이야기해주마. 나는 지구가 둥글다는 생각 하나로 밀어붙였지. 당시에 나는 이탈리아의 평민이었지. 그러나 배팅을 해보기로 했어. 나의 운명에 말이야. 그래서 에스파냐 여왕에게 가서 큰소리를 쳤어. 당시에는 유럽에서 향신료가 정말 귀했지. 왜냐하면 향신료를 모두 동양에서 갖고 왔기 때문이지. 향신료는 유럽에서 음식과 약품으로 두루 쓰였기 때문에 귀하디귀한 물건이었어. 그래서 나는 동양 무역을 독점하겠다는 야심찬 계획을 세운 거야. 지구가 둥글다는 것을 믿었기 때문에 무조건 서쪽으로 가다 보면 동양으로 가는 새로운 바닷길을 발견할 수 있을 것 같았어. 그 당시에 향신료를 수입해 오던 기존의 무역 통로에 오스만투르

크가 버티고 있었거든. 그래서 안전한 길을 찾아야만 하는 시대적 요구가 있었던 셈이지. 난 그 기회를 잘 활용해서 에스파냐의 이사벨라 여왕을 설득했지. 나를 지원해주면 이제부터 향신료는 모두 에스파냐로 올 수 있다고 말이야. 그 대가로 난 에스파냐의 귀족이 되고, 많은 재물을 받기로 하고 말이지. 평민 출신의 나로서는 잃을 것도 없었어. 그래서 나는 이사벨라 여왕의 무한한 지원을 받고 대항해를 시작했던 것이지. 첫 번째 항해는 너도 알다시피 신대륙을 발견하고 해서 성공적이었지. 돌아와서 파티도 열어줬으니 말이야. 그러나 결국 두 번, 세 번까지 떠났지만, 나는 이사벨라 여왕에게 배신을 당했어. 끝까지 나를 지원해주지 않더군. 그래서 결국 나는 태어날 때와 마찬가지로 여전히 가난한 채로 쓸쓸히 죽어갔지."

이 이야기를 마치면서 콜럼버스는 쓸쓸한 표정을 지어보였다. 듣고 있던 인성이도 함께 슬퍼졌다. 정말 대단하게만 느껴졌던 콜럼버스 아저씨의 인생 말로가 그렇게나 쓸쓸했다는 건 처음 안 사실이었다. 사실 이렇게 안 만났으면 콜럼버스의 말년에 대해 관심도 없었지만 말이다. 인성이는 조심스럽게 콜럼버스에게 물었다.

"그 이사벨라 여왕은 왜 아저씨를 배신했대요? 이유가 무엇인가요? 어쨌든 신대륙을 발견해주었으면 된 것 아닌가요?"

콜럼버스가 우울한 목소리로 대답했다.

"인성아, 그건 말이야. 힘의 관계에서 어쩌면 당연한 결과였을

지도 모르지. 이사벨라 여왕이 착한 사람이었으면 모르겠지만, 권력자 중에 착한 사람이 있겠니. 그 권력을 차지하고 유지하려면 보통 사람들보다 더 이해타산적이고 잔인해져야 하지 않겠어? 이사벨라 여왕은 내가 발견한 신대륙에서 나오는 보물을 혼자 다 가지고 싶었겠지. 이탈리아 평민 출신인 나 같은 뜨내기보다는 자신의 충성스런 신하들이 바로 가서 그 보물들을 가져오길 바랐겠지. 사실 내가 닻을 내린 그곳에는 온통 금이 널려 있었어. 조금 과장하자면, 정말 동화에서나 나올법한 황금으로 만든 세상 같았지. 사금이 엄청났거든. 그래서 그곳에는 원주민들이 금으로 된 장식을 주렁주렁 매달고 있는 게 일상이었고, 금이 흔하니까 우리들에게 선물로 마구 퍼주었지. 그런 곳을 알려주었더니 배신을 안 할 리가 있겠니. 결국 자기가 다 재정적으로 지원해주어서 내가 거기까지 갔던 것인데, 내게 지원해줄 걸 자기들이 바로 하면 더 많은 보물을 차지하게 되는 것이지. 세상의 이치가 다 그런 거야. 없는 놈이 있는 놈에게 당해낼 수 있겠니."

인성이도 우울한 기분이 들어 말했다.

"콜럼버스 아저씨, 아저씨 이야기를 들으니 참 우울해지네요. 아저씨의 운명도 인디언들처럼, 아니 홍인들처럼 불행해지셨군요. 정말 아저씨가 말한 카르마가 생각나는군요. 인과응보, 인과관계, 현생에서도 그 업보를 받으신 것 같군요."

콜럼버스가 대답했다.

"인성아, 네 이야기를 듣고 보니 그런가 보다. 나는 결국 행복해지지 못했어. 남은 인생은 더 비참했지. 원래 상승세를 그리다가 아래로 떨어지면 더 비참함을 느끼지. 범선을 이끌고 대항해를 떠날 때는 정말 나는 새도 떨어뜨릴 기세였지. 그러나 말년에 버림을 받는 신세가 되고 나니, 정말 더 불행해졌지. 사람의 운명이란 건 정말 알 수가 없는 거야. 평민으로 태어나 귀족이 되길 꿈꾸었지만, 결국 나는 죽을 때도 여전히 쓸쓸하게 끝난 거야. 지구를 돌고 돌면 제자리이듯이, 내 운명도 결국은 원래 있던 제자리로 돌아온 셈이었어."

인성이가 고개를 떨구면서 말했다.

"아, 아저씨 이야기를 들으니 너무 슬프네요. '제자리'라는 말이 이렇게 슬프게 들릴 줄은 몰랐네요. 제자리가 항상 좋은 건 아닌가 봐요."

콜럼버스가 말했다.

"하지만 넌 여전히 제자리로 돌아가려고 하잖아. 그런데 말이야. 사람의 운명은 제자리를 찾아가는 것 같아. 사람의 인생도 탄생과 죽음이 전혀 다른 것 같지만, 결국 제자리를 찾아가는 것일 수도 있거든. 사람의 인생에서 아기였다가 청년이 되었다가 다시 노인이 되는 그 과정이 마치 제자리로 돌아가는 것처럼 보이잖아. 아기와 노인은 비슷한 점이 많지. 이가 없다는 것도 그렇고, 운동 능력이 부족한 것도 그렇고, 인간은 결국 처음 시작한 지점에서 청년기의 정점을 찍고 다시 노인인 끝점으로 가는 듯하지만, 결국 제자리로 돌아가는 거야. 그래서 죽음을 그리 두려워할 필요는 없는 것이지. 탄생의 순간이 기쁘듯이 죽음의 순간도 의미가 없는 것은 아냐. 그렇다고 죽음의 순간을 자기 맘대로 결정하는 것도 사실 오만한 짓이지. 인간은 자연의 순리대로 그냥 시작했으면 끝을 향해 가는 인생을 사는 것이 이 우주의 일부분으로서 자기가 해야 할 일이라고 생각해. 자살은 오만한 짓이야. 성급하게 스스로 결정할 필요가 없지. 이 우주가, 이 자연이 자신에게 내려준 그 항로대로 여행을 하는 게 인생인데 말이야. 처음과 끝을 경험하면서 삶의 참의미를 깨닫는 게 인생인 것 같아. 그게 제자리로 돌아가는 것이라는 삶의 이치를 스스로 깨달을 때까지 각자 인생의 숙제를 하는 것이지. 그런데 자살이란 그 숙제를 때려치우고 스스로 퇴장하는 거야. 그건 스스로 카르마에 영원히 갇히게 되는 셈이지."

인성이가 말했다.

"아, 어렵네요. 듣고 있으려니 어쩐 일인지 숙연해지는 건 왜일까요. 전 아직 어려서 잘 모르겠어요. 죽음이라는 말도 너무 먼 것 같고요. 탄생의 순간도 기억이 안 나고요. 잘 모르겠어요."

콜럼버스가 말했다.

"그래, 네 나이에는 노인이 되는 것도 마치 네 인생에는 없는 이야기처럼 들리겠지. 하지만 인생이란 참 빠르단다. 지금은 매우 느리게 흘러가는 것처럼 느껴지는 시간도 청년기를 지나면 쏜살같이 간단다. 그럼 금방 노인이 되어서 죽음이 눈앞에 닥치게 되지. 마치 아무 상관도 없는 일처럼 넋 놓고 있다가는 인생이 손 안의 모래처럼 다 빠져나가버리지. 누구도 피해갈 수 없는 운명이야. 나는 너 같은 청소년들이 이 사실을 정말 꼭 기억하길 바란다. 남의 일이 아니고, 일찍부터 생각해야 할 일이야. 그래야 인생을 허비하지 않을 수 있어. 인간이 미리부터 자기의 인생 시간표에 죽음이 있다는 사실을 늘 기억하고 있다면, 헛되이 시간을 보내지는 않을 거야. 네가 예를 들어, 외국에 여행을 갔다고 생각해 봐. 그곳에 딱 한번만 여행을 올 수 있다고 생각하면 정말 귀중하게 그 여행 기간을 보내겠지. 왜냐하면 제한된 시간과 경험일 테니까. 그런데 왜 사람들은 이 인생을 여행보다 못하게 보내느냐는 것이지. 다른 사람을 미워하거나 괴롭힐 시간도 없어. 자신에게 충실해도 모자랄 시간이야. 그러기 위해선 인간이 왜 태어났는지, 왜 죽는지 그 철학적 의미를 생각해 보는 시간을 가지는 게 중요해. 왜냐하면 그런 과정 없이는 이 인생의 참 의미를 모른 채 그냥 앞만 보고 달려가게 되니까. 그럼 어느 날 정신 차려 보면 떠날 시간이 되어 있는 거야."

_ '운명의 바람 소리를 듣는 아이'

인성이가 콜럼버스를 빤히 쳐다보면서 말했다.

"그래서 인문학, 인문학 하는 건가 보죠? 저는 철학이 밥 먹여 주냐는 이야기를 많이 들었거든요. 책 한 권 안 읽어도 잘 산다는 사람도 봤고요. 이 바쁜 세상에 어떻게 어려운 철학책을 읽느냐는 이야기도 들었어요."

콜럼버스가 말했다.

"꼭 어려운 철학책을 보라는 말은 아니지. 다만, 인생을 철학적으로 한번 되돌아볼 기회는 꼭 가지라는 것이지. 삶과 죽음의 문제, 자기가 어디서 왔고 지금 어디에 있으며, 어디로 가고 있는지에 대한 철학적 사색이 필요하다는 거야. 너 같은 청소년들도 반드시 이 생각을 해봐야 남은 인생을 알뜰하게 잘 보낼 수 있다는 말이야. 그리고 힘들 때가 와도 자살이라는 극단적 선택을 피해갈 수도 있고 말이지. 당장 눈앞의 것만 보는 시선을 가진다면 그런 선택을 할 수도 있지. 하지만 인생을 처음과 끝이라는 관점에서 바라본다면 이야기는 달라지지. 자신이 그냥 혼자라고 생각하는 게 아니라, 이 우주와 자연의 일부분이고 연결되어 있다고 생각한다면 그렇게 혼자 결정할 문제는 아니라는 걸 알게 될 거야. 내가 찾았던 그 신대륙, 아니 실제로 신대륙이 아니었지. 어쨌든 그 땅의 주인들인 인디언, 아니 홍인들은 자연과 함께한 사람들이었지.

그래서 그들의 이름은 우리가 볼 때에는 매우 특이했어. 『바람이 전하는 인디언 이야기』라는 책에도 보면, 인디언들의 독특한 이름들이 등장한단다. 예를 들어, '푸른 하늘', '위대한 신비', '하얀 유령', '길들인 개', '큰 채찍', '검은 방패', '붉은 개의 길', '돌아온 자', '하얀 오두막', '바람을 받는 자', '불쌍한 개', '하얀 매', '멀리서도 음성이 들리는 여인', '연기 자욱한 날', '강한 심장', '붉은 뿔', '작은 독수리' 등등 이런 이름들이지. 자연에게 말을 거는 식으로 만들어진 이 인디언식 이름들은 자연과 하나 되어 살아가는 홍인들의 삶을 상징적으로 보여주고 있지. 인간은 원래 이 인디언식 이름처럼 자연의 일부였어. 너 같은 청소년들도 이걸 빨리 깨닫는다면 세상이 다르게 보일 거야. 그리고 다른 삶을 살 것이고. 결국 혼자가 아니라는 것도 알게 될 거야. 혼자인 것처럼 보이지만, 그건 인간들만의 눈으로 봐서 그런 것이지. 이 세상엔 인간만 존재하는 게 아니지. 바람과 물, 꽃, 나무, 이슬, 동물들, 등등 우주에는 많은 존재들이 있지. 그들을 느끼면서 살게 된다면 혼자가 아니라는 것을 알게 될 거야. 그리고 삶의 진실을 발견하게 되는 거지. 이 우주에는 혼자 있는 게 아니라, 모두가 연결되어 있다는 사실을 말이야."

인성이는 아주 길고 긴 콜럼버스의 이야기를 모두 다 듣고 나자, 뭔가 새로운 시야가 열린 것 같은 기분이 들었다. 특히 이 세상엔 혼자 존재하는 게 아니라, 이 우주의 만물과 함께 연결되어 존재한다는 말이 인상적이었다. 정말 인성이가 생각하지 못한 삶에 대한 관점이었다. 이런 시선으로 삶과 세상을 바라본다면, 완전히 다른 세계 속에서 살아갈 것이라는 생각이 희미하게나마 들었다. 그리고 자기 이름도 홍인들처럼 자연과 하나 되는 뜻으로 지어 보고 싶어졌다.

"아저씨, 콜럼버스 아저씨, 저도 갑자기 홍인들처럼 그런 이름을 하나 갖고 싶어지네요. 어떤 이름이 좋을까요? '운명의 바람 소리를 듣는 아이'는 어때요?"

콜럼버스가 껄껄 하고 웃었다.

"그래, 뭐 잘은 모르겠다만 네가 마음에 드는 이름이면 된 거지. 하긴 네가 여기 와서 운명이 네게 전해주는 소리들을 많이 들었으니 그 이름이 딱 맞긴 한 것 같구나. 바람 속에서 운명의 소리를 듣고 있는 셈이니, 그 이름이 네게 딱 맞는 옷 같을 수도 있겠구나."

인성이는 기분이 좋아져서 환하게 웃었다.

"하하, 정말 제 마음에 들어요. '운명의 바람 소리를 듣는 아이', 이게 절 나타내주는 말인 것 같아요."

콜럼버스가 말했다.

"인성아, 그런데 말이야. 이젠 우리가 헤어질 시간이 다가온 것 같구나. 너를 배웅해 주마. 이제 문이 하나만 남았으니, 너도 곧 집으로 돌아갈 수 있겠구나. 해답을 잘 찾기 바란다."

콜럼버스는 이렇게 말하면서, 인성이를 다시 제자리까지 배웅해주었다. 처음 인성이가 문을 두드렸던 바로 그 자리에서 인성이에게 손을 흔들어주었다. 인성이도 배꼽인사를 하면서 콜럼버스와 헤어졌다. 인성이는 마지막 남은 문을 향해 힘차게 걸어갔다. 집으로 돌아가는 길을 꼭 찾을 수 있다는 희망적인 메시지를 들어서이기도 하지만, '운명의 바람 소리를 듣는 아이'가 되어 이젠 확신이 생기는 듯했다. 인성이는 바람 속으로 운명의 발자국을 내면서 뚜벅뚜벅 걸어갔다.

THE GATE X
오즈

인성이는 마지막 남은 문을 향해 걸었다. 그런데 이번엔 마치 성 같은 건물이 눈앞에 보였다. 중세의 성 같기도 했다. 인성이는 이젠 좀 약간 비장한 마음까지 들었다. 이 문을 열고 들어서면 정말 집으로 돌아가는 길을 알게 되는 걸까. 인성이는 몹시 두근거리는 마음으로 문 앞에 섰다. 그리고 진중하게 문을 세 번 두드렸다.

　"탁, 탁, 탁!"

　한참동안 아무런 기척이 없었다. 인성이는 조금 불안해졌다. 왜 아무도 나오지 않는 걸까. 그렇지만 곧 이 성 같은 건물이 크니까, 걸어나오는데 한참이 걸릴 거라는 추측으로 위안을 삼았다. 오랜 인내심을 가지면서 기다리던 중, 이젠 인기척이 들리는 듯 했다. 인성이는 두 귀를 쫑긋 세운 채, 심장이 마구 뛰는 걸 느끼며 서 있었다. 아무도 나오지 않을지도 모른다는 불안감이 어느 새 이렇게 간절한 기다림으로 바뀌어 있었다. 마지막 문이기도 했고, 거대한 성 같은 건물이 기를 좀 죽이기도 했다. 오래 기다렸기에 이젠 누가 나와도 반가울 것 같았다. 아저씨가 나오든, 소녀가 나오든, 그 누구라도!

드디어 문이 열리는 소리가 들렸다. 그리고 인성이의 예상과는 달리 아주 자그마하고 병약해 보이는 노인 한 분이 서 있었다. 힘 없는 목소리로 노인이 물었다.

"넌 누구냐? 도로시는 아닌 것 같은데……."

인성이는 곧 쓰러질 듯한 할아버지를 바라보면서 놀란 마음에 자기소개를 급하게 했다.

"앗, 저는 대한민국에서 온 조인성이라고 합니다. 할아버지는 누구세요?"

할아버지는 아주 가느다랗고 힘없이 들릴락 말락 한 목소리로 말했다.

"나는 오즈라고 한단다. 예전에는 모두들 오즈의 마법사라고 불렀지."

'오즈의 마법사'라는 말에 인성이는 깜짝 놀랐다. 그리고 도로시라는 이름이 왜 낯설지 않게 느껴졌는지 알 수 있었다. 어릴 때 읽었던 『오즈의 마법사』 동화가 떠올랐다. 나중에 알게 되었지만, 프랭크 바움이라는 작가가 썼던 책이었다. 인성이는 잠시 생각해

보았다.

'그럼 이 할아버지가 그 오즈의 마법사라는 말인가.'

이런 곳에서 이렇게 만나다니 뜻밖이었다. 게다가 마지막 열 번째 문을 열어준 사람이 바로 오즈의 마법사라니! 인성이는 확인차 물어보았다.

"그럼 할아버지가 바로 도로시가 찾아갔던 그 오즈의 마법사라는 건가요?"

오즈는 모든 것이 귀찮다는 듯이 가느다랗고 앙상한 팔을 간신히 흔들면서 안으로 들어오라는 손짓을 했다.

"어서 오세요. 일단 들어와 봐요, 들어오면 내가 설명해줄게."

오즈의 마법사는 인성이가 한참 어린데도 가끔씩 높임말을 쓰면서 말을 했다. 인성이는 일단 오즈가 시키는 대로 들어갔다. 그러자 문이 또 나타났다. 그 문을 열자, 또 문이 나왔다. 열 개의 문을 지나자, 오즈는 그곳에서 멈췄다. 책이 잔뜩 있는 방이었다. 언뜻 봐도 서재 같았다. 오즈는 힘이 빠졌는지 서재의 책상 앞 의자에 털썩 앉았다. 거의 주저앉았다고 해도 될 만큼 기운이 없어 보였다. 인성이도 그 옆의 의자에 앉았다.

"오즈의 마법사님, 저는 지금 집으로 돌아가는 길을 찾고 있어요. 열 개의 문을 열면 제가 그 길을 찾을 수 있다고 들었는데, 이제 이 문이 마지막 열 번째 문이었어요. 만일 제가 여기서 해답을 얻을 수 없다면 저는 집으로 돌아갈 수 없을지도 모르겠어요. 제

발 좀 알려주세요.”

오즈의 마법사는 인성이의 이 말을 듣고도 그냥 묵묵히 앉아 있었다. 두 눈을 지그시 감은 채 인성이의 이야기를 듣고 있었다. 그러다가 약간 짜증스럽게 말했다.

“글쎄, 나도 모르지. 예전에 도로시가 와서도 집으로 가는 길을 묻더니, 왜 다들 내게 와서 그러는지 모르겠어.”

오즈의 마법사는 혼잣말처럼 중얼거리면서 대답을 했다.

인성이가 말을 했다.

“도로시는 저도 책을 읽어봐서 아는데, 오즈의 마법사님이 에메랄드 시를 다스리는 아주 대단하고 훌륭한 마법사인 줄 알았으니까 그랬겠죠.”

오즈의 마법사는 계속 혼잣말처럼 중얼중얼거렸다.

“나는 마법사도 아니고, 대단하지도 않아. 나를 그렇다고 믿어버린 건 에메랄드 시 사람들이지. 내가 그렇게 말한 적은 없지. 나는 단지 내가 탄 열기구에 문제가 생겨서 에메랄드 시에 불시착했을 뿐이야. 하늘에서 열기구를 타고 날아오자, 사람들은 내가 위대한 마법사라고 생각해버린 거지. 그렇게 되자, 내가 에메랄드 시를 13년 동안 다스리게 되었던 거야. 꼭꼭 숨어서 말이야. 그런데 내 입으로 꼭 내가 늙고 대머리이고 쪼글쪼글한 주름이 잔뜩 잡힌 노인네라고 고백을 했어야 했을까. 나를 위대한 마법사로 만든 것도 그들이고, 내게 그 자리를 지키고 있기를 바란 것도 그들이었지.

나도 그런 위대한 마법사 행세를 하는 게 어디 쉬운 줄 아나. 나도 그 긴 세월 동안 내 정체가 탄로날까봐 조마조마하면서 지냈지."

인성이는 오즈의 마법사의 신세한탄을 한참동안 듣고 있었다. 그런데 오즈의 마법사는 이 레퍼토리를 계속 반복해서 말했다. 그것도 혼잣말처럼 중얼거리듯 말이다. 처음 들었을 때는 인성이도 공감이 되는 듯하다가, 고장 난 레코드처럼 계속 반복하는 이야기를 듣고 있으려니 슬슬 지겨워지기 시작했다. 그래서 오즈의 마법사의 말을 끊었다.

"그런데 오즈의 마법사님, 그래도 도로시에게 좋은 조언을 해주셨잖아요. 서쪽 나라 마녀를 물리치라고 한 것도 훌륭한 코칭이었죠. 실제로 마녀를 물리치러 간 것은 도로시와 그 일행이었지만, 그래도 비전을 제시해주는 건 중요한 일이라고 생각해요. 유명 식당의 셰프들도 실제로 요리를 많이 하지는 않잖아요. 많은 것들은 그 밑의 직원들이 하지만, 셰프가 제시해주는 레시피대로 하는 거잖아요. 그리고 마지막 중요한 요리는 셰프가 하고요. 지도자는 그런 거잖아요. 일 분을 일해도 가장 중요한 판단을 내리는 것이 정말 가장 필요하지만 어려운 일이죠."

오즈의 마법사가 아직도 눈을 반쯤 감은 채 대답했다.

"인성아, 네가 그렇게 말해주니까 좋긴 하다만, 사람들이 다 그렇게 생각하진 않지. 열 시간 동안 막노동을 하는 게 더 중요하다고 생각하는 사람들이 있어. 노력은 더 많이 했는데, 왜 아주 적은 시간을 일하고 노는 것처럼 보이는 사람이 더 많은 권력과 이익을 차지하느냐고 불평하는 사람들도 많지."

인성이가 대답했다.

"정말 세상은 뭐가 답인지 모르겠어요. 분명히 맞는 게 있는 것 같은데, 다들 다른 생각을 하고 사는 것 같아요. 혹은 정반대의 생각을 하는 사람들이 모여 사는 것 같기도 해요. 그래서 항상 네가 옳다, 내가 옳다고 하는 것 같아요. 모두 다 자기의 관점으로 세상을 보니까 그런가 봐요. 자기가 처해 있는 입장에서 말이죠. 막노동을 하는 사람은 자기 입장에서 세상을 보고, 판단만 하는 사람은 또 자기 입장에서만 세상을 보고, 과연 무엇이 정답일까요?"

오즈의 마법사가 약간 짜증스럽다는 듯이 내뱉었다.

"뭘 그리 복잡하게 생각하려고 하나. 세상이 다 그런 거야. 그게 또 인간인 거고. 난 이미 그런 인간에게서 희망을 접었어."

오즈의 마법사는 눈을 뜨고 있는 것조차 힘겨워했다. 그래서 항상 반쯤 눈을 감은 채, 의자에도 비스듬히 기대어 있었다. 똑바로 앉아 있기도 힘든 것 같았다.

_ 영감님의 비밀

인성이는 오즈의 마법사를 보면서 문득 아주 예전에 읽었던 동화가 생각났다. 알퐁스 도데라는 작가가 쓴 동화였다. 인성이가 말했다.

"오즈의 마법사님, 혹시 『코르니유 영감님의 비밀』이라는 동화를 아시나요? 의외로 사람들이 알퐁스 도데의 『별』이나 『마지막 수업』은 알아도 이 이야기는 잘 모르는 것 같아요. 그런데 제게는 그 이야기가 너무 가슴 아프게 남아 있었는데, 문득 오즈의 마법사님을 보니까 그 영감님의 뒷모습이 생각나는 듯해요."

오즈의 마법사가 또 중얼거리듯이 말했다.

"왜 내가 생각나지?"

인성이가 대답했다.

"프랑스의 한 시골 마을에 여러 방앗간이 있었는데, 산업화가 시작되어서 증기 제분 공장이 생기고부터는 풍차로 돌아가는 방앗간이 하나, 둘씩 없어졌대요. 그런데 코르니유 영감님이 하시는 방앗간은 풍차가 멈추지 않고 돌아가고 있었다는군요. 코르니유 영감님은 60년 동안을 이 방앗간에서 밀가루를 덮어쓰면서 일을 해오셨다고 해요. 마을의 모든 방앗간의 풍차 날개가 멈춰 있어도 저녁이면 커다란 포대를 가득 싣고 가는 영감님을 볼 수 있었다네요. 하지만 아무도 그 방앗간 옆에 얼씬도 못하게 했는데, 나중에

밝혀진 영감님의 비밀은 놀라웠던 거죠. 밀을 빻는 것처럼 보였지만, 실제로는 밀가루가 아니라, 흙을 넣고 돌리고 있었던 거예요. 풍차의 체면을 지키기 위해서 말이에요. 이 이야기가 제겐 얼마나 슬프게 남는지, 다른 어떤 알퐁스 도데의 소설보다 가슴에 못이 박혀 남아 있었죠. 그런데 오즈의 마법사님을 보니, 그 코르니유 영감님이 생각나요."

오즈의 마법사가 작지만 불만스런 목소리로 다시 물었다.

"그래도 모르겠군, 왜 내가 그 영감탱이랑 닮았다는 건지."

인성이가 또랑또랑한 목소리로 대답을 했다.

"코르니유 영감님은 산업화가 시작되면서 무너져 가던 풍차 방앗간을 끝까지 지키려고 했잖아요. 그 영감님에겐 마지막 남은 자부심이 방앗간이었을 텐데, 그게 너무 짠하잖아요. 밀가루를 늘 갖고 와서 남들에겐 풍차를 돌리는 것처럼 보이게 했지만, 실제로는 흙이었죠. 마치 어느 노작가가 젊을 때의 명성을 지키기 위해 항상 새로운 소설을 내곤 했지만, 늘 자기 글을 짜깁기하고 있었던 것처럼 너무 짠한 일이죠. 밖에서 볼 때에는 항상 새 소설을 발표하고 왕성한 활동을 하는 것처럼 보였죠. 하지만 실제로는 코르니유 영감님이 먹을 수 있는 밀가루가 아니라, 먹을 수 없는 흙을 갖고 와 풍차를 돌리는 것처럼 이 노작가도 결국 더 이상 돌아가지 않는 창의성 때문에, 자신의 젊은 시절 글을 계속 표절하면서 새 소설을 쓰고 있는 것처럼 보이게 했던 거죠. 흙을 갖고 와서 밀가루처럼 풍차를 계속 돌리고 있는 방앗간의 코르니유 영감과도 같아요. 오즈의 마법사님도 사람들이 만들어 놓은 위대한 마법사의 이미지를 지키려고, 성 안에 숨어 오들오들 떨면서 그걸 들통 나지 않도록 하는 게 닮았다는 거죠. 모두가 짠한 일이에요."

인성이의 이 말에 오즈의 마법사는 더 이상 아무 말도 하지 않았다. 한참동안 정적이 흘렀다. 드디어 오즈의 마법사가 입을 열었다.

"네가 그렇게 생각해도 좋아. 모든 사람들에겐 자기가 꼭 지키고 싶은 자존심이 있는 것이지. 하지만 동정은 더 비참한 일이지. 네가 짠하다고 하는 것 역시 동정심이 아닌가. 나는 그 누구의 동정도 받고 싶지 않아. 내가 너같이 어린애에게까지 동정을 받아야 하겠니."

인성이는 오즈의 마법사가 상처를 받았다는 것을 한참 후에야 알았다. 위대한 마법사가 이런 이야기에 흔들릴 줄은 몰랐다. 물론 그는 병약한 노인이었지만, 그래도 에멜랄드 시 사람들에겐 위대한 마법사로 머물러 있지 않은가. 항상 신세한탄을 하고 있는 모습이 그냥 고장 난 레코드의 징징거리는 넋두리처럼 들렸는데, 실제로 그는 많은 낙담을 하고 있었던 것이다. 인성이는 오즈의 마법사가 자신의 백성들을 속이고 있는 사기꾼이라는 생각도 잠시 했다. 하지만 무엇이 진실인지 알 수가 없었다. 그래서 인성이는 오즈의 마법사에게 말했다.

"오즈의 마법사님, 사실 저는 무엇이 진실인지 모르겠어요. 이 세상의 모든 것들은 가짜 이미지를 갖고 있는 것 같아요. 사람들은 진짜와 가짜를 구분하지 못하는 듯해요. 모두가 눈에 보이는 것만 믿고 있는 것이죠. 그냥 평범한 노인일 뿐인 오즈의 마법사님을 위대한 마법사로 믿고 있는 에멜랄드 시 사람들에게 진실을 알려주는 게 선일까요, 아니면 그들의 로망을 지켜주는 게 선일까요. 무엇이 옳은지 정말 모르겠군요."

오즈의 마법사는 금방 대답을 하지 않았다. 그러고 나서 간신히 이렇게 말했다.

"글쎄다, 사람들이 과연 진실을 알고 싶어 할까? 아마 진실을 말해줘도 자신이 믿고 싶은 것만 믿으려고 할 걸. 진실이란 때로는 날이 선 칼날 같지. 그들이 믿고 싶어 하고 선망하는 대상의 실체를 알려줘서 그 좋은 기억을 갈기갈기 찢어버리는 게 좋은 걸까?"

인성이도 대답을 금방 하지 못했다. 한참동안 생각하던 인성이가 기어이 말했다.

"그래도 전 아무리 생각해 봐도 진실이 밝혀지는 게 맞다고 봐요. 알 건 알아야 하지 않을까요. 그럼 모든 것이 다르게 전해질 걸요."

오즈의 마법사가 이번엔 재빨리 대답했다.

"역사도 다 그런 거야. 네가 배우는 역사가 다 진실이라고 보는 거니? 역사도 다 편집된 것일 뿐이지. E . H . 카의 『역사란 무엇인가』를 꼭 읽어보도록 해. 이 세상에는 사실 그대로 전달되는 것이란 존재하지 않을 수도 있어. 그러니 진실을 까발린다고 해도 어디까지 할 수 있다는 것인데. 그리고 왜 꼭 그 사람에게만 그게 해당되어야 할까. 모두 다 감춰진 위대한 사람들이 얼마나 많은데!"

인성이가 풀이 죽은 목소리로 대답했다.

"오즈의 마법사님, 듣고 보니 그렇군요. 모든 걸 다 바로잡을 수는 없을 거예요. 모두 다 밝힐 수는 없겠죠. 이미 오래전에 지나간 역사들도 그렇고, 증거도 모두 사라졌을 것이고, 그럼 최근에 밝혀지는 사람들만 '재수가 없다'고 생각하겠죠. 하지만 혼란스럽군요. 그렇다면 진실과 거짓은 계속 이렇게 불분명하게 섞여서 흘러가야 하는 건가요?"

오즈의 마법사가 말했다.

"그 누군가의 진실을 알고 있더라도 그걸 밝혀서 사람들이 기뻐하는 경우도 있고, 슬퍼하는 경우도 있겠지. 로망을 지켜주는 것도 중요하긴 해. 진실을 말하는 사람을 더 비난할 수도 있지. 세상은 아이러니컬한 거야."

인성이가 말했다.

"어떻게 살아야 할지 이 부분에서는 정말 모르겠어요. 무엇이 정답인지."

오즈의 마법사가 대답했다.

"인생에서 정답을 찾으려고 하지 마라. 인생은 정답이 없단다. 살아보면 알게 되지. 그래서 함부로 다른 사람을 비난하는 게 어려워. 그 상황에 놓이지 않으면 그 사람을 이해할 수 없는 거지. 인생은 바라보는 관점에 따라 그 정답이 달라지는 법이거든. 자기가 직접 당해보지 않으면 함부로 이러쿵저러쿵 이야기를 하는 건 조심해야 돼. 그 사람의 인생 전체를 알 수도 없는 거잖아. 또한 그 내면을 알 수도 없는 것이고. 우리는 남들의 인생을 표면밖에 모르지. 그러니 누군가의 행동을 비난하기에 앞서 그 배경까지 알아보는 것도 필요한 일이지."

인성이가 다시 물었다.

"하지만 그 말씀은 좀 예외도 있는 것 같아요. 남들에게 해를 끼친 일을 벌였다면, 이해하기에 앞서 책임을 지라고 요청해야 하는 것 아닌가요. 그리고 비난도 할 수 있고요. 사적인 것과 공적인 걸 구분해야 할 것 같아요."

오즈의 마법사가 짧게 대답했다.

"그건 그래."

_ 돌아가는 길을 묻다

인성이는 이제 정신을 차리고 오즈의 마법사에게 집으로 돌아가는 길을 다시 물어보기로 했다. 지금이 마지막 기회인 셈이다.

"오즈의 마법사님, 도로시도 캔자스에 있는 자기 집으로 돌아갔잖아요. 제게도 집으로 돌아갈 수 있는 방법을 알려주세요. 허수아비에겐 톱밥으로 두뇌를 주셨고, 양철나무꾼에게도 헝겊으로 만든 심장을 주셨죠. 또 겁쟁이 사자에겐 용기 있는 자에게 주는 훈장을 주셨으니, 제게도 뭔가를 주실 수 있잖아요. 도로시에게 집으로 날아갈 수 있는 기구를 주셨듯이 말이에요. 비록 도로시가 그 기구를 놓쳐버렸지만, 그때 착한 남쪽 마녀가 나타나서 도로시를 집으로 돌아가게 해줬잖아요. 도로시가 신고 있는 은색 구두가 마법의 구두라서, 세 번 부딪힌 후 소원을 빌면 된다고 그 마녀가 말해준 것처럼 제게도 뭔가를 좀 알려주세요."

오즈의 마법사가 인성이의 말을 조용히 듣고 있더니 말했다.

"미안하구나. 나는 네가 알다시피 진짜 마법사가 아니잖니. 난 그저 평범한 노인이고, 발명가일 뿐이지. 널 집으로 돌아가게 할 수 있는 마법을 부릴 수는 없어. 또 도로시가 신고 있는 은색 구두처럼 네가 집으로 순식간에 돌아갈 수 있는 구두를 만들어줄 수도 없는 노릇이고."

인성이는 낙담이 되었다. 마지막으로 믿었던 오즈의 마법사까지 자신을 집으로 돌아가게 해줄 수 없다면 이젠 어떻게 되는 걸까. 그래도 인성이는 뭔가 방법이 있을 거라고 자신을 다독였다.

"오즈의 마법사님, 그래도 이번이 열 번째 문을 연 것인데, 뭔가 방법이 있지 않을까요? 저와 함께 그 방법을 찾아보실 수는 없나요?"

인성이가 간절한 목소리로 말했다. 그러자 오즈의 마법사도 귀찮다는 표정을 거둬들였다.

"좋아. 함께 생각해보자꾸나. 네가 어떻게 하면 집으로 돌아갈 수 있는지. 항상 문제를 해결하려면 처음 시작한 지점부터 다시 생각해 봐야 하거든. 넌 어떻게 해서 집에서 여기로 오게 됐지?"

오즈의 마법사가 이렇게 묻자, 인성이는 다시 생각을 정리해보기 시작했다. 그리고 오즈의 마법사에게 말해주었다.

"돌이켜 보니, 저는 여름 방학이 끝나가자 밀린 일기를 쓰기 시작했죠. 그래서 책상에 앉아서 무슨 이야기를 쓸까 이리저리 궁리하다가, 생각나는 대로 끼적이기 시작했어요."

오즈의 마법사는 인성이의 설명을 듣자, 반쯤 무겁게 눈꺼풀이 덮인 눈을 처음으로 제대로 뜨면서 눈동자를 반짝거렸다.

"아, 그랬구나. 그럼 그 일기장에 뭐라고 썼던 거니? 거기에 실마리가 있을 것 같은데?"

인성이는 다시 찬찬히 생각을 떠올려보았다. 그리고 나서 오즈의 마법사에게 대답했다.

"아, 생각났어요. 저는 이렇게 처음 일기를 시작했어요. 〈'나'는 어느 날 궁금해졌다. '나는 누구일까?' 물론 나에게 이름은 있다. '나'의 이름은 '인성'이다. 조인성. 하지만 나는 내 이름을 알지만, 내가 누구인지는 잘 모르겠다. 내가 어디에서 와서 누구이고 어디로 가는지 알 수 없다!〉 이런 말을 썼던 것 같아요."

가만히 듣고 있던 오즈의 마법사가 재빨리 말했다.

"그게 끝인 거니? 뭔가 더 있을 것 같은데?"

인성이가 다시 기억을 더듬거렸다. 생각 날듯 말듯 했다. 너무 길어서 여기까지 생각한 것도 장한 일인데, 더 생각해내는 게 쉬운 일은 아니었다. 하지만 집으로 돌아가기 위해선 빨리 떠올려야 한다는 걸 직감적으로 알았다.

"아, 이런 말들도 적은 것 같아요. 〈이런 질문들, 안 하고 살아도 되지 않나? 잠이 온다. 조금 전에 먹었던 점심 때문인지 식곤증이 몰려온다. 그냥 밥만 먹고, 잠만 잘 자고 살면 되지 않을까? 이런 질문들, 너무 어렵다. 골치 아프다. 편하게 살자!〉 여기까지 적고는 잠들어버린 것 같아요. 눈을 떠보니 이곳으로 와 있었어요."

오즈의 마법사가 외쳤다.

"바로 그거야! 네가 돌아가려면 그 질문에 답을 해야 하는 거야."

인성이가 놀라서 물었다.

"어떤 질문이요?"

오즈의 마법사가 대답했다.

"네가 누구인지 대답을 해야 할 것 같아. 그리고 그 질문을 너무 어렵고 골치 아픈 것으로 생각하는 게 아니라, 네가 풀어야 할 숙제로 받아들여서 반드시 대답을 해야 돌아갈 수 있을 것 같아."

인성이가 고개를 갸우뚱거리면서 말했다.

"과연 그럴까요? 저는 소크라테스 아저씨를 만나 '생각 의자'에 앉았던 적이 있거든요. 그때도 제가 누구인지에 대한 질문을 받았는데, 대답을 못 찾았어요. 그냥 제가 모른다는 것을 안 것에만 도달했죠."

오즈의 마법사가 말했다.

"내가 예전에 들은 이야기를 하나 해주마. 어떤 사람이 살고 있었다는구나. 그 사람은 아주 평범한 사람이었지. 그런데 어느 날 쪽지를 하나 받았어."

솔깃해서 듣고 있던 인성이가 궁금해서 물었다.

"무슨 쪽지요?"

오즈의 마법사가 가만히 들어보라는 듯이 손짓을 했다.

"가만 좀 있어봐. 이제 이야기를 하려는 거야. 그 쪽지에는 '너는 누구냐'라는 질문이 쓰여 있었대. 그래서 문득 이 남자는 생각해 본 거야. 이제까지 단 한 번도 그 질문을 자기 자신에게 해본 적이 없다는 사실을. 혼자 집에 있던 그 남자는 자신에게 조용히 질문을 했던 거지. '나는 누구일까?' 그러자 어떻게 됐는지 아니?"

인성이가 고개를 절레절레 흔들면서 말했다.

"제가 그걸 어떻게 알겠어요. 집으로 돌아가는 길도 모르는데, 그것까지 제가 알까요."

오즈의 마법사가 말했다.

"그 남자는 그 질문을 하자마자, 팡- 하고 폭발해버렸다는군. 알고 봤더니 그 남자는 AI였어. 인공지능이었지. 사람 모습을 한 인조인간이었는데, 그 쪽지에 적힌 질문이 바로 이 AI를 해체하는 암호였던 거야. 그 남자는 자신의 실체를 묻는 질문을 스스로 하면 해체되게끔 설계되어 있었던 셈이지."

인성이가 눈이 동그렇게 되어서 물었다.

"오즈의 마법사님, 지금 그 이야기를 왜 제게 하시는 거죠? 갑자기 무서워지네요. 저도 혹시 어떤 암호에 걸려 있는 걸까요?"

오즈의 마법사가 말했다.

"그럴지도 모르지. 갑자기 그 이야기가 생각났어. 인간이 어디서 와서 어디로 가는지 아무도 모르잖아. 어쩌면 인간이 암호가 걸린 존재가 아닌가 싶기도 해."

인성이가 말했다.

"에이, 그런 건 SF소설에나 나오는 이야기 아닌가요? 전 심각해요. 집으로 돌아가는 길을 알고 싶어요. 저랑 지금 장난하시는 건가요?"

오즈의 마법사가 심각한 목소리로 말했다.

"인성아, 잘 들어봐. 내가 방금 해준 이야기를 단지 SF소설처럼 듣지 말고, 비유라고 생각해봐. 인간의 존재 방식을 비유한 이야기로 들리지 않니? 사람은 말이야. 자신의 근본적인 실체에 대해 질문하기 시작하는 순간, 자신이 해체되는 순간을 맞이하지. 비유적으로 하는 말이야. 실제로 육체가 그 AI처럼 해체되어 팡-하고 터지는 것이 아니라, 정신적으로 해체되는 순간이 온다는 것이지. 그리고 자기 자신을 다시 원점에서 바라보기 시작하는 거야. 그게 바로 이 질문이지. 네가 했던 그 질문. '나는 누구인가', 그리고 그 암호를 말하는 순간, 인간은 그 해답을 찾기 위해 해체되는 거야."

인성이가 다급하게 말했다.

"그럼 전 이미 해체된 건가요? 이곳에 온 것이 해체되어서인가요? 열 개의 문을 여는 것이 제 자신을 해체하는 과정이었나요? 그럼 이젠 어떻게 하면 되는 거죠?"

오즈의 마법사가 말했다.

"질문이 있으면 답을 말해야지. 그래야 암호가 풀리지 않겠니."

인성이가 말했다.

"어려워요. 저는 조인성이라고 대답을 이미 했지만, 아직 여기 그대로 있어요. '생각 의자'에서도 그 대답을 했죠. 하지만 그건 진짜 나를 말해주는 대답이 아니었어요."

오즈의 마법사가 다시 말했다.

"인성아, 사실 '나는 누구인가'에 대한 대답은 사람들이 거의 잘 모르는 거지. 너는 누구일 것 같아? 자, 생각해 보자. 넌 태어났고, 자랐고, 그리고 죽을 거야. 그리고 어디로 돌아갈 것 같니? 넌 이 우주의 일부분이야. 넌 우주에서 왔고, 현재도 우주 안에 떠 있지. 네가 지구의 대한민국이라는 나라에 산다고 하더라도 사실 너는 우주 속에 떠 있는 지구라는 별에 살고 있으니, 너 역시 우주 속에 떠 있는 셈이야. 네가 항상 인식하진 못하더라도 그건 사실이지. 넌 지구라는 별에 살고 있는 아이지."

그러자 인성이가 말했다.

"앗, 그럼 제가 어린왕자인가요? 하하, 어린왕자도 B-612이라는 별에서 왔잖아요. 전 지구라는 별에서 왔고요. 그럼 여긴 어디일까요?"

오즈의 마법사가 말했다.

"그렇지. 너도 또 다른 어린왕자일 수 있지. 그리고 여기도 우주 속의 어느 별이겠지."

인성이가 말했다.

"생각해 보니, 신기한 일이에요. 제가 만났던 장자, 노자, 플라톤 등등의 아저씨들은 모두가 옛날에 제가 태어나기도 전에 살았던 사람들인데 제가 만나서 이야기를 하다니요. 참 이상한 일이죠. 게다가 동화 속의 앨리스와 오즈의 마법사님도 다 만나고 있으니 참으로 놀라운 일이에요. 과연 여긴 어떤 별일까요? 어디일까요?"

_ 먼지가 되어

인성이와 오즈의 마법사는 서로 바라보면서 한동안 말을 하지 않았다. 둘 사이에는 길고 긴 침묵이 흘렀다. 그러고 나서 오즈의 마법사가 먼저 입을 열었다.

"너는 누구인지에 대한 대답이 '조인성' 말고, 다른 이름은 없니?"

인성이가 대답했다.

"제 이름은 조인성인데요. 아……, 제가 여기 와서 스스로 붙인 이름이 있어요. 그건 바로……."

오즈의 마법사가 말했다.

"그래, 그게 뭔데?"

인성이가 대답했다.

"'운명의 바람 소리를 듣는 아이'에요."

오즈의 마법사가 다시 말했다.

"그 이름대로 그럼 운명의 바람 소리를 들어봐. 그 속에 해답이 있을 것 같구나. 네가 너 스스로 자기 자신에게 붙인 이름 바로 그대로 실행해 봐."

인성이가 한참 생각하는 듯하더니 이렇게 띄엄띄엄 말했다.

"운. 명. 의. 바. 람. 소. 리. 를. 듣. 는. 아. 이."

그리고 이어서 다시 인성이가 말했다.

"아! 알았어요. 운명의 바람 소리를 들어봐야 하는군요. 지금부터 귀를 기울여 볼게요. 바람이 무슨 이야기를 하는지."

이렇게 말하고 인성이는 아무 소리도 내지 않은 채, 가만히 앉아서 집중하기 시작했다. 바람의 소리를 들으려 에너지를 모았다. 자신이 갖고 있던 모든 힘을 여기에 쏟았다. 두 눈은 조용히 감겼고, 두 손은 저절로 모아졌다. 그리고 허리를 펴고, 집중하기 시작했다. 우주의 모든 소리에 귀를 기울이기 위해서 머릿속에 들어 있는 온갖 잡념들을 비워냈다.

그러자 평소에는 들리지 않던 운명의 소리가 들려오기 시작했다. 우주가 내는 운명의 바람 소리가 인성이의 귀에 들려왔다. 그 귀는 육체적 귀가 아니었다. 마음의 귀였다. 인성이는 한참동안 우주가 전해주는 그 바람 소리를 들으려고 했다. 그건 마음을 끓이면서 하는 게 아니었다. 조바심을 내면서 들으려면 할수록 아무 소리도 들리지 않았다. 그냥 편안하게 마음을 비우고 집중할수록 우주는 운명의 바람 소리를 잔잔한 음악처럼 들려주었다. 그리고 그 음악은 한 폭의 그림처럼 우주 속에 펼쳐졌다. 수많은 별들이 하얗게 빛나면서 은하수를 이루고 있었다. 그리고 초록색으로 환하게 빛나는 지구를 바라보고 있는 자신이 보였다. 너무나 아름다운 광경이었다. 인성이는 한참동안이나 그 화려한 우주의 모습을 지켜보고 있었다. 그리고 점점 자신이 그 우주 속에 흩어져 별들 속으로 사라지는 것을 보았다. 은하수처럼 자신의 존재가 흩어졌다. 먼지처럼 우주 속으로 퍼져나갔다. 그 먼지는 하얗게 빛나는 별빛처럼 그렇게 우주 속으로 흩어졌다. 그제야 인성이는 감았던 눈을 천천히 떴다. 그리고 이제는 알 것 같았다. 자신이 누구인지, 어디서 왔는지, 그리고 어디로 갈지 어렴풋이 짐작이 되는 것이다. 인성이는 자신을 지켜보던 오즈의 마법사에게 말했다. 인성이의 목소리는 조금 떨렸다.

"오즈의 마법사님, 이제 제가 누구인지 알 것 같아요. 제가 스스로 붙인 그 이름대로 존재해 보니, 제가 누구인지, 어디에서 왔는지, 그리고 어디로 가는지 알 것 같아요. 한 마디로 말하자면, 저는 이 우주의 먼지입니다."

이 말이 떨어지자마자, 인성이는 다시 자신의 집 소파 위에서 눈을 떴다. 모든 것이 그대로였다. 쓰다가 만 일기장도 그대로 펼쳐져 있었고, 여름의 후덥지근한 날씨도 그대로였다. 그렇지만 인성이는 그대로가 아니었다. 인성이는 이제 예전의 인성이가 아니었다. 똑같은 소파 위에 누워 있지만, 인성이는 아까의 인성이가 아니었다.

인성이는 쓰다가 만 일기장을 바라보았다. 그리고 다가가서 마지막 문장을 채워 넣었다.

'나는 우주의 먼지다.'

인성이는 생각해 보았다. 자신도 이 집안을 떠도는 먼지와 같다는 건, 인간이라고 특별한 것도, 잘난 체 할 것도 없다는 의미라는 걸 깨달았다. 인간은 이 지구의 주인도 아닐 뿐더러, 다른 동물이나 존재에 대해 주인도 아니었다. 똑같이 이 우주의 먼지로 왔다가 먼지로 돌아가는 것이다. 단지, 현재 모습이 인간이고, 동물이고, 나뭇잎이고, 이슬이고, 바람이고, 구름일 뿐.

인성이는 자기도 모르는 사이에 책장에 꽂힌 책에 손이 가닿았다. 평소에는 읽을 생각을 하지 못했던 『마크 트웨인의 미스터리한 이방인』이었다. 그때 갑자기 열어둔 창문으로 바람이 불어왔다. 그러자 마지막 페이지가 펼쳐졌다. 마치 자신에게 답이라도 해주듯이, 다음과 같은 글이 적혀 있었다. 인성이는 그 이야기를 읽자, 다리에 힘이 빠졌다. 그리고 그만 주저앉아버렸다.

Goal

마크 트웨인은
이렇게 말했다!

"인생 자체가 환상일 뿐이야. 그냥 꿈이라고."

이번에는 온몸에 전기가 통하는 듯 찌릿했다. 맙소사! 그동안 나 혼자 수천 번 이상 되뇌던 생각이 아닌가!

"존재하는 것은 아무것도 없어. 모두가 꿈이야. 신, 인간, 세상, 태양, 달, 은하계 등등 모든 것이 꿈이야. 그것들은 존재하지 않아. 텅 빈 우주 외에는 아무것도 없어. 너도 마찬가지야!"

"나도?"

"너는 네가 아니야. 살도, 피도, 뼈도 존재하지 않아. 너는 그냥 어떤 생각에 불과해. 나 역시 존재하지 않아. 나는 그냥 꿈이야. 네 상상력이 만들어낸 꿈 말이야. 잠시 후 너는 깨닫게 될 거야. 그러면 너는 네 환상에서 나를 몰아낼 것이고, 나는 무(無)로 돌아가게 돼. 네가 나를 만들어내기 전의 상태로……."

– 『마크 트웨인의 미스터리한 이방인』 중에서

맺음말

철학은 해답이 아니라,
질문을 먼저 얻는 것이다

우리는 살면서 어떤 질문들을 하며 지낼까. 지금 당신의 머리에 떠오르는 질문은 무엇인가. 오늘 내가 한 질문은 무엇일까. 돌이켜 보면, 딱히 질문 같은 걸 하지 않고 사는 사람들도 많을 것이다.

기껏 '오늘 점심은 뭘 먹을까?', 혹은 '내일 출근할 때 뭘 입고 나가지?', '오늘 학교에서 뭐하고 놀지?' 이 정도일 것이다. 물론 이런 질문들도 살아가는 데 정말 중요하다. 하지만 이런 질문들'만' 하고 산다면 이건 문제가 좀 심각한 것일 수도 있다. 왜냐하면 인생의 깊이가 없어지기 때문이다.

그럼 "인생에 깊이가 좀 없으면 어때?"라는 반문이 돌아올 수 있다. 그렇다. 평소에는 깊이가 없어도 살아가는 데 별 문제가 없다. 그런데 인생이란 게 항상 좋으리란 보장이 없다. 이건 금수저든, 흙수저든, 상관없다. 즉, 모든 사람이 피해갈 수 없는 장애물이 인생에는 으레 나타나기 마련이다. 어떤 형태로든 인간은 자신의 삶을 사는 동안 힘든 순간에 직면한다.

그럴 때 인생에 깊이가 없이 계속 살아왔다면 그 어려움을 탈출할 '문'을 쉽사리 찾을 수 없을 것이다. 인생에 대해 다양한 질문을 하며 산다는 건, 소위 "그게 밥 먹여주냐?"의 빈정거림을 넘어서는 것이다. 삶에 대한 질문은 밥보다 꿈을 먹여줄 수 있다. 그리고 그 '꿈'이란 우리가 아주 힘든 일에 직면했을 때 그걸 뚫고 나갈 수 있는 '문'을 선물해준다.

어릴 때부터 동화책을 많이 읽고, 독서를 많이 해온 아이들은 자라서 장애물을 만날 때도 '꿈의 문'을 열고 자신만의 세계 속에서 행복을 찾을 수 있다. 그러나 '우리는 어디에서 와서 누구이고 어디로 가는가'와 같은 질문을 하면, 밥 벌어먹고 살기에도 힘든 세상에 무슨 시답잖은 생각을 하느냐고 핀잔을 들을 수 있다.

하지만 이런 핀잔을 주는 사람들은 타조처럼 머리를 처박은 채, 지금 당장 먹고사는 문제만 고민하는 존재일 뿐이다. 인생에 있어서는 다른 중요한 문제들이 훨씬 많은데도, 혼자만 머리를 처박고 먹고사는 게 세상 중요한 일인 것처럼 골몰하기 때문이다.

먹고사는 게 제일 중요하다면 그게 해결된 사람들이 다른 문제 때문에 자살로 삶을 마감하거나, 절망에 빠진 채 허송세월을 보내는 건 어떻게 설명할 것인가.

_먹고사는 문제의
   일상적인 질문을 넘어

사람은 누구나 살면서 힘든 일을 겪기 마련이다. 어떤 형태로든 다양하게 인생에서 그 어려움을 만나게 된다. 그러므로 섣불리 '내 인생에는 어려운 일이 안 닥칠 거야'라고 낙관만 해선 안 된다. 또한 힘든 일을 겪는 사람을 강 건너 불 보듯이 대하는 것도 섣부른 짓이다. 자신도 그 누군가의 도움이 어떤 형태로든 필요할 때가 반드시 오기 때문이다. 인생은 단지 시기와 강도만 차이가 날 뿐, 누구나 힘든 시절을 겪는다. 그걸 잘 견뎌나가고, 헤쳐 나가기 위해서는 인생에 있어 질문이 필요한 것이다. 먹고사는 문제의 일상적인 질문을 넘어, 우리 존재의 문제에 대한 질문 말이다.

철학은 그 질문을 하는 데 도움을 주는 통로이다. 우리가 인간으로서 우리 자신의 운명과 존재에 대한 질문을 하는 원천인 셈이다. 인문학이라는 것도 결국은 인간이 '어떻게 살아야 할 것인가'에 대한 질문을 주는 것이지, 암기 과목처럼 해답만을 외우게 하려고 있는 건 아니다.

그런데 우리나라 사람들은 철학이라는 것을 마치 철학자들 이름과 그의 사상을 핵심 요약해서 줄줄 읊는 것 정도로 생각하는 경향이 있다. 물론 우리의 암기식 교육의 폐해가 여기서도 드러나는 것이지만, 그 결과는 심각하다고 생각한다.

이런 식으로 인문학에 다가가면 아무리 인문학 열풍이 불어도 우리 삶에는 실질적으로 아무런 도움이 되지 못한다. 그건 철학을 공부하는 게 아니라, 그냥 암기과목 하나 더 공부하는 셈이니까 말이다.

『내 손 안의 인문학, 꿈의 문』에서는 그런 정보만을 전달하는 데 급급해서 진짜 생각할 거리를 던져주지 못하는 잘못을 저지르지 않으려고 노력했다. 이 책의 목적은 철학과 철학자들을 친근하게 생각하고, 우리 삶의 근원적 질문을 던져보는 데 그 의미를 두었다. 즉 철학의 가장 기본적인 질문, '나는 누구인가', '우리는 어디에서 와서 또 어디로 가는가'에 대한 질문을 상기시키는 것이다. 이 목적만 달성했다면, 이 책의 의미는 충분하다고 생각한다. 철학은 해답이 아니라, 질문을 먼저 얻기 위해 우리가 그 문을 열고 들어가야 하는 것이다.

독자 여러분 모두가 인성이인 셈이다. 인성이는 이 책에서 물리적 나이로 볼 때 중학교 1학년이지만, 이런 시간적 의미는 중요하지 않다. 우리는 누구나 대부분 중학교 1학년을 거쳤고, 지금 그 나이대인 아이들도 있을 것이며, 또 곧 그리 될 아이들도 있을 것이다. 그런 의미에서도 우리 모두는 인성이다.

_평소에 정말 자기 자신에게 던져야 할 질문들

인성이는 어느 순간 집을 떠나 자기도 모르게 알 수 없는 공간에 와 있다. 이건 인간 존재를 상징하는 것이다. 우리는 우리가 원래부터 존재하던 그곳, '집'이라고 은유적으로 표현할 수 있는 곳으로부터 어느 순간 우리도 모르게 이 지구라는 행성에 와 있다. 우리도 인성이처럼 결국 집으로 돌아갈 것이다.

그런데 인성이는 자기가 어디에서 왔는지 알지만, 우리는 그것조차 모른다는 데 차이점이 있다. 우리 인간은 어디에서 왔는지조차 모르지 않는가. 하지만 많은 사람들이 먹고살기에만 급급해서 이런 것에는 별로 관심이 없다. 그러다가 누구나 피해갈 수 없는 죽음 앞에 이르면 이런 문제들이 막 치고 올라온다. 그리고 당황스러워 한다. 또한 두려워한다. '나는 죽으면 어디로 가는 걸까. 이대로 우리 존재는 끝나는 걸까'라는 생각에 빠져든다.

이렇게 죽음을 앞두고 있을 때뿐만이 아니라, 혹은 힘든 순간을 맞이했을 때, '내 존재는 과연 무엇일까', '나는 왜 이렇게 무가치한 존재일까', '나는 살만한 가치가 없을까' 등등의 생각으로 자기 자신을 괴롭힌다. 이러한 힘겨움에 직면하는 건 결국 평소에 정말 자기 자신에게 던져야 할 질문들을 하지 않고 살아왔기 때문이다. 그런데 철학은 이런 질문들을 하도록 이끌어준다. 그런 의미에서 철학 등 인문학은 우리에게 아주 소중하다.

우리는 현재 다른 사람들이 만들어 놓은 기준에 의해 등급이 정해지고, 가치가 매겨진다. 원래는 이런 기준들이 그저 인간 세계가 질서 있게 돌아가게끔 만들어 놓은 도구일 뿐인데, 이젠 인간 존재 자체를 평가하는 잣대로 고착되어버렸다. 이처럼 본래의 가치가 전도된 세상에 우리는 살고 있다.

은행에서 매겨 놓은 우리의 신용 등급이 몇 등급이든, 우리 아이가 학급에서 몇 등이든, 어느 대학을 다니든, 어떤 직장을 다니든, 우리 인간의 존재 등급은 그것과는 상관이 없다. 이 당연한 사실을 먹고사는 문제에만 타조처럼 머리를 처박고 살아서 잊고 지낸다는 것이다. 그래서 자신의 인생에서 어려움에 맞부딪혔을 때 그런 남들의 잣대로 해결책을 찾는 모순이 생긴다. 이런 식의 해결법은 자칫 자신의 인생을 영원히 미로 속에 가둬 둘 수도 있게 한다. 때때로 우리는 이 미로에서 좌절하거나 인생을 포기해버린다. 이럴 때 철학 등 인문학을 만나면 진정한 우리 자신의 가치를 깨닫는 데 도움을 받을 수 있다.

우리도 이제는 좀 다양한 질문을 하면서 살았으면 한다. 그것이 곧 진정한 행복으로 가는 길이 아닐까. 인간 존재론적 질문들을 통해 다른 사람들의 잣대와 평가에서 벗어나 자신의 운명은 스스로 찾아가길 바란다. '우리는 어디에서 와서 누구이고 어디로 가는가'의 질문에 진정으로 도달한다면, 누구나 자신의 '운명의 바람소리'를 들을 수 있을 것이다. 인간은 어른이나 아이나 모두 질문을 통해 성장한다는 사실을 꼭 기억해주었으면 한다.

2018년 2월
파주, 이곳에서 '꿈의 문'을 열며
조선우

내 손 안의 인문학, 꿈의 문

초 판 1쇄 인쇄 | 2018년 2월 12일
초 판 1쇄 발행 | 2018년 2월 22일

글 | 조선우 • 그림 | 이애영
펴낸이 | 조선우 • 펴낸곳 | 책읽는귀족

등록 | 2012년 2월 17일 제396-2012-000041호
주소 | 경기도 고양시 일산서구 대산로 123, 현대프라자 342호(주엽동, K일산비즈니스센터)

전화 | 031-944-6907 • 팩스 | 031-944-6908
홈페이지 | www.noblewithbooks.com
E-mail | idea444@naver.com

출판 기획 | 조선우 • 책임 편집 | 조선우
표지 & 본문 디자인 | twoesdesign
표지 & 본문 일러스트 | 이애영

값 16,000원
ISBN 978-89-97863-83-9 (03100)

이 도서의 국립중앙도서관 출판예정도서목록(CIP)은
서지정보유통지원시스템 홈페이지(http://seoji.nl.go.kr)와
국가자료공동목록시스템(http://www.nl.go.kr/kolisnet)에서
이용하실 수 있습니다.
(CIP제어번호: CIP2018004333)